Stefan Limmer

Die Macht der zwei Seelen in dir

Die Ahnen- und die Individualseele heilen und die eigene Bestimmung finden

GOLDMANN

Wichtiger Hinweis: Autor und Verlag haben die Empfehlungen und Übungen in diesem Buch sorgfältig erwogen und geprüft. Die Anwendung erfolgt jedoch auf eigene Verantwortung. Weder der Autor noch der Verlag und dessen Mitarbeiter übernehmen eine Haftung für etwaige Schäden jeglicher Art, die durch die Anwendung entstehen. Keinesfalls dürfen vom Arzt oder Heilpraktiker verordnete Medikamente eigenmächtig abgesetzt werden oder Therapien abgebrochen werden. Die hier vorgestellten Methoden ersetzen nicht den Besuch eines Arztes oder Heilpraktikers und sind kein Ersatz für eine notwendige Therapie.

Dieses Buch ist auch als E-Book erhältlich.

MIX
Papier aus verantwortungsvollen Quellen
FSC® C014496
www.fsc.org

Verlagsgruppe Random House FSC® N001967

1. Auflage
Originalausgabe Juni 2020

Neumarkter Str. 28, 81673 München
Lektorat: Christian Wolf, Benediktbeuern
Umschlaggestaltung: UNO Werbeagentur, München
Umschlagmotiv: FinePic®, München
JG · Herstellung: cb
Satz: Uhl + Massopust, Aalen
Druck und Einband: GGP Media GmbH, Pößneck
Printed in Germany
ISBN 978-3-442-22274-2
www.goldmann-verlag.de

Besuchen Sie den Goldmann Verlag im Netz:

Inhalt

Vorwort

Liebe Leserinnen, liebe Leser,

wir alle wollen erfolgreich unser Leben gestalten, wir möchten gesund und glücklich sein, wir wollen lieben und geliebt werden. Aber in der Realität gibt es immer wieder Bereiche, in denen uns das nicht oder nur teilweise gelingt und wir in alten Mustern des Leides, des Schmerzes und des Unglücks steckenbleiben. Viele unserer Probleme und vermeintlichen Blockaden, viele aktuelle Beschwerden besonders im psychisch-seelischen Bereich begleiten uns hartnäckig und verhindern, dass es uns richtig gutgeht. Oft ahnen wir, was wir verändern müssten, aber immer wieder erleben wir auch, wie schwierig es ist, theoretische Erkenntnisse und Einsichten in die Praxis umzusetzen und in unseren Alltag zu integrieren.

Aber warum fällt es uns so schwer, zu handeln und unser Leben konsequent so zu gestalten, dass wir damit glücklich und zufrieden sind? Aus schamanischer Sicht gibt es dafür wesentliche Gründe: Durch traumatische Erlebnisse ist der Zugang zu unserer Seele verschüttet, wir haben keinen Zugang zur Selbstliebe, und unsere Verbindungen zu den unterstützenden spirituellen Kräften um uns und in uns sind blockiert. Wir sind in der Vergangenheit oder in den Ängsten und Sorgen vor der Zukunft gefangen und kommen nicht in unsere Schöpferkraft. Uns fehlt eine klare Vision für unser Leben, wir sind nicht in unserer wahren Kraft und Stärke und wir haben keinen Zugang zu unserem Herz und zu unserer Intuition. Letztendlich geht es um Blockierungen in unseren eigenen inneren Energiefeldern und Energiesystemen, und um fehlende Verbindungen zu uns unterstützenden Energien und Kräften.

Schamanen sehen das Leben als ein Wechselspiel dieser verschiedenen Kräfte und Energiefelder, in die wir alle eingebunden sind. Für unser Wohlbefinden, für unsere Gesundheit, für unser Lebensgefühl, unserer Tatkraft und unsere Sinnfindung spielt es eine entscheidende Rolle, wie wir mit diesen Kräften umgehen. Das Energiefeld unserer Individualseele mit ihren ureigenen, einzigartigen Themen, Erfahrungen und Lernaufgaben, die sie mit hierher in diese Inkarnation gebracht hat, spielt dabei eine wesentliche Rolle. Nun finden aber auch bei dieser tiefgehenden Betrachtungsweise Menschen oft keinen anhaltenden, befriedigenden Ausweg aus ihren individuellen Problemen. Trotz bester Absicht, intensiver Bemühungen und der Arbeit auf unterschiedlichen Ebenen des Körpers, des Geistes, der Seele, des Energiekörpers usw. bleiben Probleme und Beschwerden hartnäckig bestehen oder kehren wieder zurück.

Deshalb beleuchten wir unser Leben hier von einem völlig anderen, auch im Schamanismus wenig beachteten Standpunkt aus: Neben unserer Individualseele wohnt in uns als zweite große Instanz unsere Ahnenseele, die sich aus der Energie unserer Herkunftsfamilie speist. Hier spielen besonders die letzten sieben Generationen eine bedeutende Rolle, da deren Energie in direkter Resonanz zu unserer Individualseele steht. Wenn wir uns in diese Welt inkarnieren, sucht sich unsere Seele die Herkunftsfamilie nach exakten Resonanzkriterien aus und wir finden unsere eigenen, in unserer Individualseele abgespeicherten und mitgebrachten Themen genauso im Ahnensystem. Beide Instanzen bedingen sich je nach Thematik gegenseitig und unterstützen oder blockieren sich. Ein weiterer wichtiger und entscheidender Aspekt ist die Kenntnis dessen, was wir oft als Bestimmung oder Lebensaufgabe bezeichnen. Indem wir die von unserer Seele in diese Inkarnation mitgebrachten Aufgaben erkennen und leben, haben wir einen weiteren wichtigen Schlüssel, um ein gesundes und sinnerfülltes Leben zu führen.

Öffnen wir uns für diese Betrachtungsweisen, verwandeln sich unsere Probleme im Leben und werden zu wertvollen und sinnvollen – wenn auch manchmal schmerzhaften – Lehrern, die uns wieder mit der ursprünglichen Absicht unserer Individualseele und unserer Ahnenseele verbinden und uns aufzeigen, wo wir nicht unsere Bestimmung leben.

Als Weg der Erkenntnis und der Selbstheilung begeben wir uns in diesem Buch auf unsere persönliche hoch spannende und erkenntnisreiche Heldenreise durch das schamanische Seelenrad. Dieses hilft uns, Krankheitsursachen zu erkennen, zu verstehen und dauerhaft und effektiv aufzulösen.

Gleichzeitig stellen wir auf unserer Reise die Verbindungen zwischen unserer Ahnenseele und unserer Individualseele wieder her, sodass diese ihr gemeinsames Potenzial entfalten können und wir Zugang zu unserer Lebensaufgabe bekommen.

Mit der Heldenreise durch das Seelenrad kann jeder selbstständig ohne Vorkenntnisse arbeiten und damit die Verbindung zu seiner ureigenen inneren Weisheit herstellen. Damit haben wir die Möglichkeit zu tiefgehender Erkenntnis und Veränderung und damit den Schlüssel zur Selbstheilung in der Hand.

Dieses Buch ist ein Praxisbuch. Nur vom Lesen alleine wird sich nicht viel verändern. Für die praktische Arbeit besorge dir vorab einen Schreibblock oder ein schönes Schreibbuch – dein persönliches Heldenreisejournal –, in das du alles aufschreibst, was dir wichtig erscheint. Wir machen immer wieder auch schriftliche Übungen, die du dir bitte ebenfalls hier notierst. Zusätzlich benötigst du mindestens eine Kerze und im Idealfall Räucherwerk, das du gerne magst, eine Reinigungsräuchermischung und eine CD mit Meditationsmusik oder mit schamanischen Trommelklängen.

Ich verwende im Text ausschließlich die männliche Schreibweise. Dies dient nur der besseren Lesbarkeit und ist keinesfalls diskriminierend gemeint. Natürlich spreche ich insbesondere auch alle Leserinnen an und hoffe, dass damit niemand ein Problem hat.

Nun wünsche ich dir alles Gute auf deiner ganz persönlichen Heldenreise durch die Welt deiner Individualseele und deiner Ahnenseele und durch dein Seelenrad.

Stefan Limmer
Rettenbach, im Dezember 2019

Die Felder der Macht

Die Menschen stehen unter dem Gesetze der Macht.
Friedrich von Wieser,
österreichischer Wirtschaftswissenschaftler
und Soziologe (1851–1926)

Wir alle unterliegen den unterschiedlichsten energetischen Einflüssen. Ständig wirken grob- und feinstoffliche Energien, Informationen und Schwingungen auf uns ein, und gleichzeitig strahlen wir ununterbrochen Energie, Informationen und Schwingungen ab. Sowohl wir als auch die Menschen in unserem Umfeld reagieren bewusst und unterbewusst auf diese Felder. Auf diesen Ebenen findet viel mehr Informationsaustausch statt, als uns bewusst ist.

Genauso wie wir nach außen über Schwingungen kommunizieren, finden wir auch in uns neben den klassischen Informationssystemen »Nervensystem« und »Hormonsystem« eine dritte, rein energetische Ebene der Kommunikation. So wissen wir inzwischen, dass sich unsere Zellen über Schwingungen und feinste Energieabstrahlungen in einem ständigen Austausch mit allen anderen Körperzellen befinden.

Energiefelder

Wir verwenden hier den Begriff der Energiefelder nicht nach klassischen physikalischen Kriterien, sondern in Anlehnung an die Theorie der morphischen Felder, wie sie der britische Biologe Rupert Sheldrake formuliert hat. Demnach gibt es »formgebende Felder« bzw. Informationsfelder, die alle Informationen und Energien eines Systems enthalten.

Unter all den Schwingungen und Feldern, die uns ausmachen und in denen wir uns bewegen, können wir drei Felder benennen, die den größten Einfluss auf uns, unsere Gesundheit und unser Wohlergehen haben und die größtenteils bestimmen, wie wir uns fühlen, wohin wir uns im Leben wenden und wie wir im Leben agieren:

- Das Energiefeld unserer Individualseele.
- Das Energiefeld unserer Ahnen.
- Das Umgebungsenergiefeld, in das wir geboren wurden.

Die Individualseele wird gespeist durch alle Erfahrungen, die unsere Seele in früheren Inkarnationen gemacht hat, und durch die daraus resultierende Aufgabe für dieses Leben. Die Ahnenseele wird gespeist durch die Erlebnisse und Erfahrungen unserer Vorfahren. Diese Energien bestimmen wiederum unsere Gene und kreieren das Energiefeld der Ahnenseele in uns.

Wenn sich eine Individualseele inkarniert, dann verbindet sie sich bei der Zeugung über die Gene der Eizelle und des Spermas zunächst mit dem Energiefeld der Ahnen, wodurch die Ahnenseele und ihre Verbindung zur Individualseele entsteht.

Im Außen wirkt gleichzeitig das Umgebungsenergiefeld auf die Seele ein. Dadurch entstehen bereits ab der Zeugung entsprechende energetische Verbindungen, und die Seele erfährt ihre entsprechenden Färbungen. Das Umgebungsenergiefeld wird bestimmt durch die Energien und Erinnerungen des Ortes, an dem wir unsere Kindheit verbringen, durch die dort lebenden Menschen, durch die Religion, die Glaubenssätze und Weltanschauungen der Menschen um uns herum, also auch durch unsere Eltern und Verwandten, die gleichzeitig auch Teil des Ahnenfeldes sind. Dieses Umgebungsfeld installiert entsprechende Systeme und Muster in uns, die in Resonanz zur Ahnenseele und zur Individualseele stehen. Dessen Hauptaufgabe ist es, als Spiegel der Seelen in uns zu fungieren und im Außen die notwendigen Reibungsflächen zu bieten, damit wir uns entsprechend der Kräfte in uns entwickeln können.

Übergeordnete kosmische Gesetzmäßigkeiten

Unser Leben hier auf der Erde findet nach bestimmten Gesetzmäßigkeiten statt. Es handelt sich wiederum um Energiefelder, denen wir uns nicht entziehen können. Zwei der wichtigsten Gesetze sind das Resonanzgesetz und das Spiegelgesetz.

- Das Resonanzgesetz besagt, dass wir nur mit anderen Menschen, Situationen, Energien und Feldern in Resonanz gehen können, wenn wir dieselben Energien in uns tragen.
- Das Spiegelgesetz besagt, dass alles, was uns im Leben begegnet, uns immer nur unser eigenes Inneres spiegelt. Wenn wir in die Welt blicken, blicken wir wie in einen Spiegel und sehen immer nur uns selbst.

Diese beiden Gesetze bedingen sich gegenseitig und erklären, dass alle Ereignisse in unserem Leben etwas mit uns zu tun haben müssen.

Es ist also kein Zufall, wenn wir handlungsblockiert sind und wir im Außen Widerständen begegnen. Solcherlei äußere Blockaden zeigen nur unsere inneren Blockaden auf und machen uns darauf aufmerksam, dass wir keinen tieferen Zugang zu uns und unserer Seelenabsicht haben. Hier wirkt das Spiegelgesetz, das Außen spiegelt uns immer nur unser eigenes energetisches Innenleben. Wer hier den Zufall bemüht, stiehlt sich aus der Eigenverantwortung und ist nicht wirklich bereit, Verantwortung für sich und sein Leben zu übernehmen.

Die Herausforderungen des Lebens

Hier geht es nicht darum, irgendein negatives Verhalten von Menschen zu entschuldigen, die uns womöglich gequält, geschlagen, psychisch verbogen oder verletzt haben. Solcherlei Dinge sind und bleiben verwerflich, aber Schuldzuweisungen helfen uns leider überhaupt nicht weiter. Es hilft uns auch nicht weiter, für Kriege oder Naturkatastrophen »Schuldige« zu finden oder sie als Strafe einer höheren Macht zu erachten. Das Leben stellt uns immer wieder vor schwere Herausforderungen, und es geht darum, mit den Folgen der Ereignisse klarzukommen.

Das Leben stellt uns manchmal sehr schmerzliche und manchmal fast nicht zu beantwortende Fragen, an denen Menschen scheitern oder schwer traumatisiert zerbrechen:

- Wie gehst du mit dieser Herausforderung um?
- Zerbrichst du daran oder wächst du daran?
- Findest du Frieden und Liebe auch in schwersten Zeiten in dir?

Eines müssen wir uns hierbei immer wieder klarmachen: Was passiert ist, ist passiert. Unsere Vergangenheit können wir nicht mehr ändern, aber unsere Gegenwart können wir aus den Erfahrungen der Vergangenheit neu bewerten, alte Muster und Traumata in Heilung bringen, Frieden schließen und verzeihen, in die Liebe gehen und die Verantwortung für uns, unser Leben, unseren Gemütszustand, unsere Entwicklung usw. übernehmen. Damit lösen wir uns aus der Ohnmacht, aus der Passivität, aus dem Leid und aus der Abhängigkeit. Niemand anders, wie zum Beispiel die böse, lieblose Mutter oder der Vater, der uns geschlagen hat, ist weiter verantwortlich für unser Befinden und unsere Probleme, sondern nur noch wir selbst. Damit lösen wir uns auch endgültig aus der Kindrolle und übernehmen selbst die Verantwortung für unser inneres Kind. Wir werden zum Schöpfer unserer inneren und unserer äußeren Realität und gehen selbstbestimmt unseren weiteren Lebensweg.

Die Vielschichtigkeit des Menschen

In jedem Erdenleben ist die Seele untrennbarer Bestandteil des »Systems Mensch«, das sich aus verschiedenen Bereichen zusammensetzt. So kennen wir zum Beispiel eine Differenzierung in Körper, Geist und Seele oder auch in Körper, Geist, Psyche und Seele. Eine klassische schamanische Einteilung ist die Unterscheidung von Körper, Seele, Geist und Herz. Nach rein energetischen Gesichtspunkten können wir eine Differenzierung in unterschiedlich »dichte« Energieschichten treffen wie den materiellen Körper, den Emotionalkörper, den Mentalkörper, den energetischen, spirituellen Körper und/oder den Ätherleib.

Bei all den Versuchen einer Klassifizierung dürfen wir nicht vergessen, dass es unser logischer Verstand ist, der solcherlei Einteilungen und Benennungen braucht, da er mit dem Begriff der Einheit und Verbundenheit nicht gut zurechtkommt. Unser logischer Verstand braucht klare Systeme, an denen er sich orientieren kann. Aber die Summe von allem ist wesentlich mehr und kann mit keinem System erfasst oder beschrieben werden.

Für unsere Betrachtung sprechen wir von der Individualseele und der Ahnenseele. Dabei dürfen wir ebenfalls nicht vergessen, dass auch diese Differenzierung menschengemacht ist, um damit Dinge zu verstehen, die uns ansonsten auf der Ebene der Logik nicht zugänglich wären. Die Realität des Menschen ist aber von einer höheren Ebene aus betrachtet immer multidimensional, alles ist mit allem verbunden, und eine Trennung, so wie wir sie wahrnehmen und empfinden, existiert überhaupt nicht. Philosophen und Religionen sprechen von der Illusion, in der wir gefangen sind, von einem Traum, den wir träumen. Erst wenn wir erwachen und die Realität hinter den Schleiern des Traumes und der Illusion erkennen und erfassen, sind wir wieder ganz in der Einheit und das Gefühl der Trennung verschwindet.

Darum geht es auch auf unserer Heldenreise, auf die wir uns später begeben werden (ab Seite 57). Wir verbinden die Dinge miteinander, die wir als getrennt erleben, sodass wir wieder ein Gefühl für das große Ganze hinter unseren eigenen

Beschränkungen, hinter unserem Leid und unseren Krankheiten erkennen und erfahren und uns so aus diesen negativen Zuständen mehr und mehr lösen können.

Bleiben wir aber zunächst bei unserer Einteilung in die Individualseele und die Ahnenseele und schauen wir uns diese genauer an.

Das Energiefeld der Individualseele

Wir alle befinden uns auf einer Reise durch die Unendlichkeit von Raum und Zeit. Unsere Seele hat sich einst auf den Weg gemacht, hat ihre wahre geistige Heimat – die Einheit in der Unendlichkeit jenseits von Raum und Zeit – verlassen und inkarniert sich seitdem immer wieder auf der Erde. Jedes Erdenleben erfüllt einen bestimmten Zweck und dient der Erkenntnis und dem Lernen. So entwickelt sich unsere Individualseele immer weiter, bis sie irgendwann nach Hause zurückkehrt. Erst wenn sie alles gelernt und erfahren hat, was ihr wichtig ist und was dem Erkenntnisprozess des großen Ganzen dient, wird sich die innere Trennung wieder auflösen, werden die Begrenzungen überwunden, und die Seele wird wieder in der Einheit verweilen. Letztendlich kehren wir dauerhaft nach Hause zurück, wenn wir gelernt haben, bedingungslos zu lieben: uns selbst, alle anderen Wesen, die Welt um uns herum, alle geistigen und energetischen Erscheinungen usw. Diese bedingungslose Liebe umfasst aber auch alles, was wir normalerweise ablehnen und als negativ empfinden: Krankheiten, Gewalt, Egoismus, unsere schlechten Angewohnheiten … Diese Liebe, die der Schlüssel für unsere Fahrkarte nach Hause ist, liebt ohne jegliche Bedingung und ohne jegliche Wertung.

Die Aufgaben der Individualseele

Fassen wir die wichtigsten Aufgaben der Individualseele im Menschen zusammen:

- Sie hält die Verbindung zu unserem göttlichen Ursprung aufrecht.
- Sie verbindet unseren wahren inneren Kern, unseren geistigen Wesenskern, mit der materiellen Welt.
- Sie speichert alles, was uns auf unserer Wanderung durch Raum und Zeit und durch sämtliche Inkarnationen widerfährt.
- Sie sorgt für die energetische Anbindung an die kosmischen, feinstofflichen Energien.
- Sie verbindet unser Nervensystem mit dem feinstofflichen System.
- Sie ermöglicht uns, uns und unseren Eigenraum auf feinstofflicher Ebene wahrzunehmen.

- Sie sorgt für Stabilität im Außen.
- Sie sorgt für Stabilität in uns, also im Inneren.
- Durch sie fließt unsere grundlegende Lebensenergie.
- Sie ermöglicht uns, die Realität und den Sinn unserer Existenz zu erfassen.
- Sie sorgt für unsere spirituelle Führung.
- Sie kümmert sich darum, dass wir unseren Lebenssinn nicht aus den Augen verlieren.
- Sie ist maßgeblich und entscheidend für die Gesundheit und Gesundwerdung eines Menschen verantwortlich.
- Sie steuert und koordiniert die großen Übergänge des Lebens – die Geburt und den Tod.
- Sie verbindet sich in jeder Inkarnation mit dem Energiefeld unserer genetischen Herkunftsfamilie, baut entsprechende Resonanzfelder auf und kreiert damit das einzigartige, genau aufeinander abgestimmte Energiefeld der Individual- und der Ahnenseele.

Die Seele hat also vielerlei Aufgaben zu erfüllen. Damit sie das tun kann, ist sie von ihrem energetischen Aufbau optimal dafür gerüstet. (Wer hier tiefer einsteigen will, siehe Literaturempfehlungen im Anhang Seite 253.) Auf unserer Heldenreise (ab Seite 57) werden wir verschiedene Bereiche unserer Seele betreten und diese in einen optimalen Energiezustand versetzen, damit sie ihre Aufgaben bestmöglich erfüllen kann.

Damit sich die Individualseele hier auf der Erde zurechtfindet, sucht sie sich ein ihr entsprechendes Energiefeld einer Ahnenreihe und inkarniert dann genau in dieses Familiensystem, das ihr zu hundert Prozent entspricht und in dem sie sich somit am besten weiterentwickeln kann. Sie verbindet sich mit der Ahnenseele als einen Teil von ihr selbst, und diese hilft ihr, auf der Erde ihren Weg zu gehen.

Das Kraftfeld der Ahnenseele

Das zweite wichtige Energiefeld, das uns durch unser Leben begleitet und massiv beeinflusst, ist das Kraftfeld unserer Ahnen. Durch das morphische Feld, das uns mit unseren Ahnen verbindet, sind wir automatisch mit allen Ahnenseelen unserer Herkunftsfamilie verbunden, und diese Energie durchdringt und begleitet uns. Gleichzeitig sind wir auch durch unsere Gene und die darin abgespeicherten Informationen unweigerlich mit unserer genetischen Herkunftsfamilie verbunden. Wir können unsere Herkunft noch so sehr verleugnen, ablehnen oder damit hadern – diese energetische und genetische Verbindung bleibt bestehen und beeinflusst uns und unser Leben.

Das heißt nicht, dass wir den negativen oder auch krankmachenden Einflüssen und Dispositionen ohnmächtig ausgeliefert sind. Im Gegenteil haben wir durch verschiedenste Techniken wie das Familienaufstellen oder den Prozess der »Versöhnung mit den Ahnen«, den ich im gleichnamigen Buch (Literaturangabe Seite 253) ausführlich beschrieben habe, die wunderbare Möglichkeit, uns aus allen belastenden Faktoren zu lösen, Frieden zu schließen und in uns das Kraftfeld unserer Ahnen zum Erblühen zu bringen und damit unsere Ahnenseele zu nähren. So erschließen wir uns eine unendliche Quelle der Kraft, Liebe, Freude und Unterstützung, die uns durch unser Leben begleitet.

Die Ahnenseele

Der Begriff der Ahnenseele taucht in unterschiedlichsten Kulturen auf, sowohl in der germanischen Mythologie als auch in der Mongolei, in Afrika, Ägypten und im Grunde in allen schamanischen Kulturen. Damit wird meist die Seele eines Verstorbenen aus der eigenen Herkunftsfamilie bezeichnet. Gleichzeitig bildet sich aus der Energie von allen unseren Vorfahren, zurückwirkend bis in die siebte Generation hinter uns und dann über das Ahnensystem noch weiter zurück, unser eigenes morphisches Ahnenfeld, und daraus resultiert die kollektive Seelenenergie unserer Herkunftsfamilie. Dieses Energiefeld ist für uns einzigartig und birgt alle Erfahrungen, Gedanken, Gefühle, Wünsche und Taten unserer Vorfahren und beinhaltet alle Ereignisse, die auf diese eingewirkt haben. So finden wir hier zum Beispiel auch alle Kriegsgeschehnisse, Naturkatastrophen und Tragödien, in die unsere Vorfahren verwickelt waren, ebenso die Energien, Glaubenssätze und Dogmen der Religionen, Gemeinschaften und der Kulturen, denen diese ausgesetzt waren.

Die Bedeutung der Ahnen

Unsere Ahnen bilden ein eigenes Energiefeld, in das wir untrennbar verwoben und eingebunden sind. Wie eine große Pyramide aus Energie begleiten uns unsere Vorfahren durch unser Leben. Ihre Energie fokussiert sich in unserem Rücken und lebt in uns in unserer Ahnenseele. Ist diese Energie im freien Fluss und verbindet uns mit dem ursprünglichen Kraftfeld unserer Familie, so erfahren wir echte, kraftvolle Unterstützung für unser Leben:

- Das Kraftfeld der Ahnen nährt und versorgt unsere Aura.
- Es nährt und versorgt unsere Chakras.
- Es versorgt all unsere Körperzellen mit Energie.
- Es stärkt uns den Rücken.
- Es hilft uns, aufrecht durch unser Leben zu gehen.
- Es verbindet uns mit der Weisheit unserer Vorfahren.
- Es schenkt uns Liebe und Geborgenheit.
- Es verbindet uns mit unserem göttlichen Ursprung.

- Das Kraftfeld der Ahnen begleitet uns durchs Leben.
- Die Weisheit der alten Männer und Frauen unterstützt uns auf unserem Lebensweg.

Die Bedeutung der sieben Generationen hinter uns

Die letzten sieben Generationen, die hinter uns stehen und immer aus den jeweiligen Eltern der dahinterliegenden Generation gebildet werden, also unsere Eltern, Großeltern, Ur-Großeltern, Ur-Ur-Großeltern usw., bestehen aus insgesamt 254 Personen.

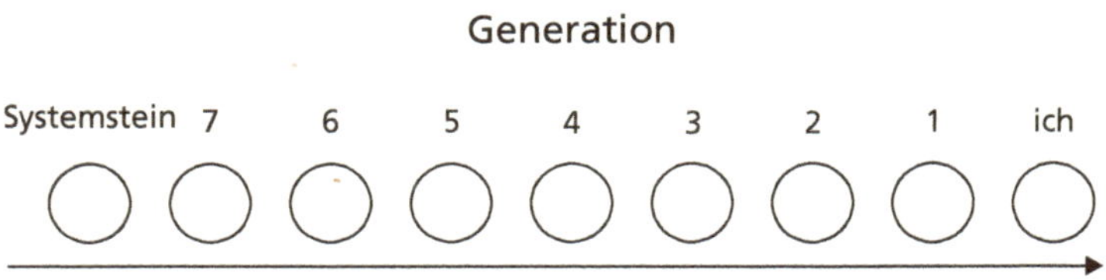

Die sieben Generationen hinter uns

Das ist unsere eigentliche, direkte Ahnenreihe. Aus ihren Energien, Erlebnissen, Taten, Weltanschauungen, Blockaden usw. und aus der Verbindung unserer Ahnenreihe mit der Unendlichkeit speist sich unsere Ahnenseele.

Da das Energiefeld der Ahnen und unser persönliches Energiefeld in Resonanz zueinander stehen, ergibt sich aus dieser Verbindung wiederum ein einzigartiges, absolut individuelles energetisches Geflecht.

Blockaden im Ahnensystem

Ist der Energiefluss zum Beispiel durch Traumata in früheren oder jetzigen Generationen blockiert oder verfälscht, so fehlt durch die entstandene Blockade ein Teil der Energie und Unterstützung. Dies kann zu einer ganzen Reihe von Symptomen und Problemen führen:

- Wir empfinden Kraftlosigkeit, Leere, Schmerz und Ablehnung.
- Unser gesamter Energiekörper, unsere Aura und unsere Chakras sind unterversorgt.
- Unsere Zellen speichern die schmerzvollen Erfahrungen unserer Vorfahren ab und geben diesen Schmerz in unseren Körper ab.
- Eventuell haben wir öfter Rückenschmerzen und Verspannungen. Dies kann bis zu ernsthaften Schäden wie Bandscheibenvorfällen führen.
- Wir gehen gekrümmt durchs Leben.
- Wir sind nicht mit der Weisheit unserer Vorfahren verbunden.
- Wir erfahren wenig Unterstützung und fühlen uns vielleicht alleine gelassen.
- Wir fühlen uns nicht wohl in unserem Familiensystem, und eventuell erleben wir keine Geborgenheit und Liebe.

- Unsere Ahnenseele blockiert die Entwicklung der Individualseele.

Daraus resultiert, dass unsere Individualseele ebenfalls nicht in ihre Kraft und Stärke kommen kann, da diese sich gegenseitig bedingen und spiegeln.

Die Macht der zwei Seelen

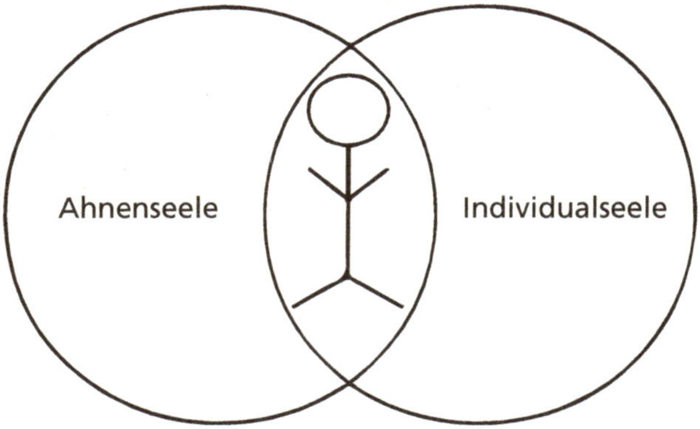

Die Ahnenseele und die Individualseele

Die Energiefelder unserer Ahnenseele und unserer Individualseele wirken beide auf uns ein und bilden in uns eine Schnittmenge. In diesem Bereich finden wir alle Themen, die uns persönlich betreffen und die uns zu dem Menschen machen, der wir momentan sind.

Es ist kein Zufall, dass wir genau in das Ahnenfeld geboren wurden, in dem wir uns befinden. Alles, was unsere Individualseele an Blockaden, Herausforderungen und Lernaufgaben dabeihat, und alles, was wir an Potenzialen und Stärken dabeihaben, finden wir auch in unserer Ahnenseele. Wir müssen dieselben Themen dort finden, da unsere Individualseele sich ihre Familie, in die sie geboren wird, zu hundert Prozent nach dem Resonanzprinzip aussucht.

Wenn es um Bereiche geht, die in uns gut im Fluss sind, die wir als Potenzial dabeihaben, dann gibt es dabei überhaupt keine Probleme. Beide Energiefelder unterstützen und verstärken sich. Geht es aber um traumatische Ereignisse, um tiefsitzende Blockaden und Verletzungen, dann tritt genau das Gegenteil ein. Beide Energiefelder sind in diesen Bereichen blockiert, oft behindern sie sich gegenseitig und verstärken den negativen, krankmachenden Effekt noch zusätzlich.

Genau hier liegt einerseits das Problem und gleichzeitig die Lösung für vielerlei Therapieblockaden. Arbeiten wir nur mit der Individualseele oder nur mit der Ahnenseele, kommt es eventuell zu kurzfristigen vermeintlichen Erfolgen. Diese halten meist nicht lange an, und die alten Probleme tauchen erneut auf, häufig sogar in verstärkter oder potenzierter Form. Wollen wir uns aus dieser negativen Dauerschleife befreien, dann funktioniert das nur, wenn wir in beiden Energiefeldern parallel arbeiten und dort die sich entsprechenden Blockaden und Traumata aufspüren, diese heilen und so den gesunden, kraftvollen Energiefluss wiederherstellen. So ist gewährleistet, dass sowohl unsere Individualseele als auch unsere Ahnenseele gleichzeitig in Heilung gehen und wir dann auf beide Kraftfelder vollumfänglich Zugriff haben. Dadurch wird sehr viel Energie frei, die bisher gebunden war und die uns nun für unsere Heilung und für unsere Lebensaufgabe zur Verfügung steht. Damit öffnet sich in uns ein Tor, das den Weg frei macht in ein Leben voller Gesundheit, Glück, Liebe, Energie und Lebensfreude.

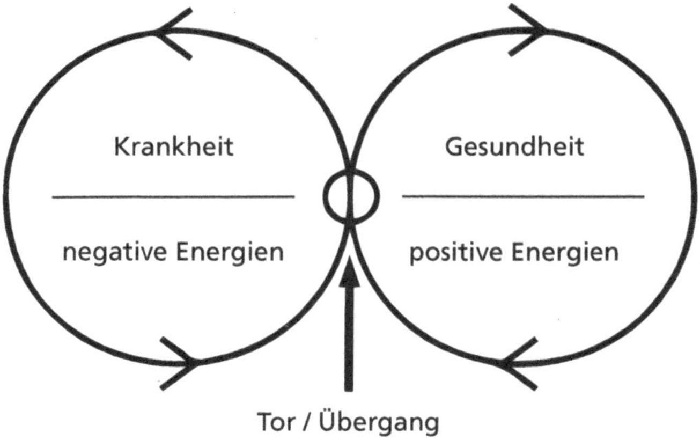

Der positive und der negative Kreis

Letztendlich gibt es vier unterschiedliche Möglichkeiten, wie sich beide Seelen unterstützen bzw. blockieren:

- Beide Seelen verharren im negativen Kreis. Dadurch potenziert sich dieser Zustand, und wir bewegen uns ausschließlich in einem Zustand der Negativität, der krank macht und uns immer weiter nach unten zieht.
- Die Ahnenseele verharrt im negativen Kreis, während durch entsprechende therapeutische Maßnahmen die Individualseele in den positiven Kreis wechselt. Dadurch kommt es zu Therapieerfolgen und zu gefühlten Verbesserungen der Gesundheit und unseres Empfindens. Da aber die Ahnenseele im negativen Zustand verharrt und nicht berücksichtigt wird und diese Muster oft wesentlich mehr Kraft haben als die bisher unbekannten Energien des positiven Kreises, hält dieser Zustand meist nicht lange an. Es kommt zu Rückfällen oder zu einem Stillstand, in dem sich vermeintlich nichts mehr bewegt.
- Die Individualseele verharrt im negativen Kreis, während durch entsprechende therapeutische Maßnahmen die Ahnenseele in den positiven Kreis wechselt. Die Ergebnisse sind dieselben wie bei Möglichkeit 2.
- Beide Seelen wechseln in den positiven Kreis. Jetzt findet ein tiefgreifender Transformationsprozess statt, und unser Befinden und unsere Gesundheit verändern sich nachhaltig zum Positiven. Wir erleben einen neuen, kraftvollen Zustand, wir werden immer gesünder und ausgeglichener und leben voller Elan unsere Bestimmung.

Die Kraft der Polarität

Wie wir in der Grafik auf Seite 30 sehen, gibt es zwei Kreise, die ein und dasselbe Thema verkörpern:

- Im rechten Kreis senden beide Seelen positive, rechtsdrehende Energie aus, wodurch wir gänzlich im Fluss sind und unser volles Potenzial leben können.
- Im linken Kreis senden beide Seelen negative, linksdrehende Energie aus, wodurch wir von unseren inneren Potenzialen abgeschnürt werden und innerlich blockiert sind.

Dieses Modell trifft auf alle Lebensthemen zu. Da wir in einer polaren Welt leben, gibt es zu jedem Thema immer zwei Pole: Hell – Dunkel, Mann – Frau, Gut – Böse, Gesund – Krank … Beide Pole bedingen sich und können immer nur miteinander existieren. Geht es um Gesundheit und Krankheit, dann handelt es sich dabei nur um die zwei möglichen Pole. Grundsätzlich sind wir je nach unserer persönlichen Sichtweise in der Lage, uns innerseelisch für einen der beiden Pole zu entscheiden und diesen zu leben.

Schwierig wird es, wenn es um Lebensbereiche geht, die von uns einer Wertung unterzogen wurden. Sobald wir, egal um was es sich handelt, einen Pol ablehnen oder als negativ empfinden und nur den Gegenpol positiv bewerten, verschieben wir das Gleichgewicht der Kräfte. Aber alles, was wir ablehnen oder verdrängen, wird erst recht mit unserer Energie gefüttert und wird damit immer stärker. So holen wir uns genau das, was wir nicht haben wollen, durch die Hintertür wieder ins Haus. Wir können die Polarität nicht abschaffen. Sie ist grundlegender Bestandteil der menschlichen Existenz auf diesem Planeten und untrennbar mit uns verbunden.

Entscheidungen in Freiheit

Sollen wir uns also mit unseren Krankheiten, Schwächen, dem Bösen in der Welt, unseren eigenen negativen Seiten usw. einfach abfinden und in Lethargie versinken, so wie das manche Menschen tun? Das ist sicherlich die schlechteste Lösung. Wenn wir dementsprechend aufgeben, dann verabschieden wir uns aus unserer Schöpferkraft und aus der uns innewohnenden göttlichen Schöpfermacht. Der Schlüssel liegt also nicht in einer lethargischen Passivität, sondern darin, dass wir uns innerlich so weit und radikal von allen Wertungen befreien, dass sich in uns eine echte Wahlmöglichkeit eröffnet. Erst wenn wir in dieser inneren Freiheit sind, können wir uns bewusst und ohne Anhaftungen für die Gesundheit entscheiden, ohne den Gegenpol Krankheit bekämpfen, verteufeln oder verdrängen zu müssen. Wir akzeptieren, dass es diesen Pol gibt, immer gegeben hat und zumindest in dieser polaren Welt immer geben wird. Damit geben wir der Polarität an sich die notwendige Achtung und zollen dem Grundprinzip des Lebens Respekt. Und dann entscheiden wir uns aus freien Stücken für ein Leben in Gesundheit, Freiheit und Würde.

Das verschlossene Tor

Das Problem ist, dass das Verbindungstor zwischen den beiden Kreisen, also die einzige Stelle, an der wir vom negativen Kreis in den positiven Kreis wechseln können, normalerweise verschlossen ist. Wir kommen im Laufe unseres Weges immer wieder daran vorbei, klopfen vielleicht an oder rütteln an der Tür. Wir spüren und ahnen, dass es auch anders gehen könnte, dass unser Leben auch leichter, glücklicher und gesünder sein könnte. Aber da wir den Schlüssel nicht finden und gefangen sind im Strudel unserer eigenen Negativität, bleiben wir im gewohnten Kreis und machen so weiter wie bisher. Irgendwann stehen wir dann wieder vor dem Tor, manchmal noch kränker, noch depressiver, noch abgestumpfter. Wenn wir nicht irgendwann all unsere Kraft und Energie aufbringen und eine klare Entscheidung treffen, dass wir etwas verändern möchten, dann wird auch nichts passieren. Wir alle haben den Schlüssel für dieses Tor dabei und haben nur vergessen, wo wir ihn finden. Unsere Heldenreise (ab Seite 80) gibt uns diesen Schlüssel wieder in die Hand, um das Tor aufzuschließen und auf die andere Seite zu wechseln. Aber dazu bedarf es einer bewussten, klaren Entscheidung, mit der wir uns selbst und unseren beiden Seelen signalisieren, dass wir es ernst meinen und bereit sind, ihre blockierten Energien wieder zum Fließen zu bringen.

Dein Versprechen

Bevor du weiterliest, nimm dir mindestens eine halbe Stunde Zeit, in der du ganz für dich und ungestört bist. Lege dir dein Heldenreisejournal und einen Stift bereit. Schaffe dir einen rituellen Rahmen. Dazu kannst du eine Kerze anzünden und mit einem Räucherstoff, den du als angenehm empfindest, räuchern. Lass eine ruhige Meditationsmusik oder den Klang einer schamanischen Trommel im Hintergrund laufen.

Atme zunächst ein paar Mal tief ein und aus und entspanne dich, lass mit jedem Ausatmen alles los, was dich gerade beschäftigt oder belastet.

Gehe mit deiner Aufmerksamkeit zu deinem Herz und nimm es zunächst einfach wahr, wie es beständig schlägt. Dann atme ein paar Mal zu deinem Herz.

Wichtig ist jetzt, dass du ganz ehrlich zu dir selbst bist. Beantworte schriftlich in Verbindung mit deinem Herz folgende Fragen:

- In welchen Lebensbereichen (Beruf, Beziehung, Freundschaften, Freizeit, Gesundheit, Sinnfindung …) fühlst du dich wirklich wohl?
- In welchen Lebensbereichen fühlst du dich unwohl oder bist unzufrieden?
- Welche Lebensbereiche sind so im Defizit und Mangel, dass sie dich bewusst oder unterbewusst andauernd belasten und einschränken und Leid verursachen?

- Hast du auf körperlicher, geistiger, seelischer oder psychischer Ebene immer wiederkehrende Symptome, die dich einschränken oder belasten?
- Was hast du bisher dafür getan, dass es dir besser geht, du gesünder wirst, du dich wohlfühlst und dich geborgen, glücklich und frei fühlst?
- Wie möchtest du dich fühlen?
- Bist du bereit, jetzt wirklich alles Notwendige uneingeschränkt und ohne faule Kompromisse zu tun, damit es dir dauerhaft besser geht? Wenn ja, dann versprich dir selbst – am besten, indem du es laut aussprichst –, dass du jetzt damit beginnst und so lange an dir arbeitest, bis du an deinem Ziel angekommen bist.

Beantworte jetzt zügig und ohne groß darüber nachzudenken schriftlich alle Fragen, so wie dir die Antworten spontan in den Sinn kommen. Wenn du das Gefühl hast, du bist fertig, dann bedanke dich bei dir für deine Ehrlichkeit zu dir selbst und beende dann dein kleines Ritual. Du kannst deine Aufzeichnungen jederzeit verändern oder ergänzen, wenn dir weitere wichtige Aspekte einfallen.

Solltest du dich danach schlecht fühlen, dann mache dir bewusst, dass du auf dem Weg bist, deine zwei Seelen zu heilen, damit es dir besser geht. Es gibt überhaupt keinen Grund, dich wieder selbst niederzumachen, du kannst stolz auf dich sein, dass du ehrlich zu dir bist. Solange wir in Selbstlügen verweilen oder unsere Probleme ignorieren und verdrängen, werden diese nur immer mächtiger. Durch die Ehrlichkeit geben wir uns selbst die Erlaubnis, dass sich auch unsere vermeintlich negativen Seiten zeigen dürfen. Dies ist ein Akt der Selbstliebe, die ja gerade darauf beruht, nicht nur das zu lieben, was uns an uns gefällt. Selbstliebe beinhaltet auch alles, was wir an uns nicht mögen, auch unsere Krankheiten, Schwächen, Defizite und überhaupt alles, was wir nicht sein möchten, aber momentan im Gepäck dabeihaben.

Krankheit und Gesundheit

So wäre denn die Tugend, wie es scheint, eine Gesundheit und Schönheit und Wohlbefinden der Seele, die Schlechtigkeit aber Krankheit und Hässlichkeit und Schwäche.

Platon, griechischer Philosoph,
Begründer der abendländischen Philosophie
(427–348 v. Chr.)

Nachdem wir nun eine erste ehrliche Bestandsaufnahme gemacht haben, schauen wir uns etwas genauer an, was es für uns bedeutet, krank oder gesund zu sein.

Selten machen wir uns ernsthaft Gedanken darüber, was wir unter den Begriffen Krankheit und Gesundheit genau verstehen. Es handelt sich meist um ein subjektives Gefühl. Fühlen wir uns fit und wohl, empfinden wir uns als gesund, sind wir müde, schlapp und haben Schmerzen, empfinden wir uns schnell als krank. Medizinisch betrachtet treffen diese gefühlten Zustände oft überhaupt nicht zu. Viele chronische und vor allem auch psychische Krankheiten haben sich schon lange manifestiert, ohne dass wir uns subjektiv krank fühlten. Burnout trifft uns nicht aus heiterem Himmel, sondern vielerlei körperliche, psychische und seelische Faktoren und Ereignisse im Vorfeld legen den Grundstein für das »Ausgebranntsein«. Dabei ist uns oft überhaupt nicht bewusst, dass wir bereits in einem Krankheitsgeschehen gefangen sind, bevor dann »plötzlich« der Zusammenbruch kommt und wir offiziell als krank gelten. Unsere Leistungsgesellschaft fördert diesen Prozess noch, nur wer sich bis zum Gehtnichtmehr fordert, ist ein guter Mitarbeiter, und solange der Mensch leistet, was von ihm erwartet wird, ist alles okay. Bewegt sich jemand zu wenig, treibt keinen Sport, ernährt sich ungünstig, raucht und trinkt täglich sein Feierabendbier, betrachten wir diesen Menschen selten als krank, solange er funktioniert. Wenn überhaupt, dann sprechen wir von Risikofaktoren, denen sich der Mensch aussetzt. Wird dann aber Lungenkrebs diagnostiziert, kommt auch dieser nicht aus heiterem Himmel.

Wann sind wir krank, wann gesund?

Wann sind wir also krank, wann definieren wir uns als gesund? Ist es bereits die ungesunde Lebensweise, sind es unsere »schlechten« ererbten Gene, ist es das falsche Verhalten?

Je nach zugrunde liegenden Definitionen und Weltanschauungen werden Krankheit und Gesundheit unterschiedlich definiert. In der Medizin hat man verschiedene Klassifizierungssysteme eingeführt, um Krankheiten objektiv erfassbar zu machen. Dass dabei sichtbare Symptome und messbare Faktoren im Vordergrund stehen, ist klar. Der individuelle Mensch mit seiner einzigartigen Lebensgeschichte, mit seinen ganz individuellen Erlebnissen und seinen entsprechenden Interpretationen und Reaktionen hat darin keinen Platz. Die Herkunftsfamilie, unsere Ahnen mit all ihren Erlebnissen, Traumata und den entsprechenden zeitgenössischen Dramen, Kriegen usw. können darin überhaupt nicht beachtet werden.

Wir gehen hier aber davon aus, dass gerade die Individualseele und die Ahnenseele diejenigen Instanzen in uns sind, die den größten Einfluss auf uns und unser Wohlbefinden haben. Liegen hier Blockaden vor, ist der freie Energiefluss gestört, oder besteht keine Verbindung zwischen den beiden Energiefeldern, dann wirkt sich das auf unser körperliches, geistiges, seelisches oder energetisches Sein aus, und es treten Störungen, Symptome und Krankheiten auf.

Damit können wir Kranksein ganz neu definieren.

Ein Mensch ist krank, wenn …

- … er keinen Zugang zu seiner Individualseele und/oder seiner Ahnenseele hat.
- … er keinen Zugang zu seiner Lebensaufgabe hat.
- … die energetischen Verbindungen auf Seelenebene gestört, blockiert oder geschwächt sind.

Formulieren wir es positiv:

Ein Mensch ist gesund, wenn

- er Zugang zu den Energien und Kräften seiner Individualseele und seiner Ahnenseele hat. Dadurch kennt er seine Lebensaufgabe und folgt diesem Weg in Liebe zu sich selbst und zur gesamten Schöpfung.
- alle energetischen Verbindungen auf der Seelenebene harmonisch, kraftvoll und frei fließend arbeiten können und entsprechend keinerlei Störungen und Blockaden vorliegen.

Vom Schicksal und vom Zufall

Bei all diesen Überlegungen stellt sich die Frage, ob wir selbst »schuld« sind an unseren Krankheiten oder ob es reiner Zufall ist, dass gerade uns diese Krankheit ereilt hat.

Woran glaubst du?

Glaubst du, dass alles vorherbestimmt ist und wir nur einem bereits feststehenden Plan folgen? Glaubst du also, dass wir determiniert sind und wir letztendlich nur wie Marionetten das Leben leben und gar keinen freien Willen haben? Sind Entscheidungen bereits festgelegt? Ist es also determiniertes Schicksal, wenn wir krank sind?

Oder glaubst du, dass wir einen freien Willen haben und uns in jedem Moment unseres Daseins für oder gegen etwas entscheiden können? Das würde bedeuten, dass wir echte Wahlmöglichkeiten haben und dementsprechend unser Leben selbst bestimmen. Dass wir es selbst in der Hand haben, was wir aus unserem Leben machen. Dass es an uns liegt, ob wir krank oder gesund sind.

Wie ist es mit dem Zufall? Passieren die Dinge und Situationen, in die wir geraten, rein zufällig, und haben wir dann die Möglichkeit, entsprechend unserem freien Willen zu entscheiden, was wir daraus machen?

Sowohl Vorherbestimmung als auch freier Wille

Im Schamanismus gehen wir davon aus, dass es sowohl eine Vorherbestimmung als auch einen freien Willen gibt und dass nichts zufällig geschieht.

Die Vorherbestimmung ergibt sich dabei

- aus den übergeordneten, universellen Lebensthemen, die wir alle meistern müssen.
- aus unserer persönlichen Lebensaufgabe und den Lernthemen, die sich unsere Seele vorgenommen hat.

Daraus resultieren die Antworten auf die Fragen, warum die Seele hierhergekommen ist und was sie in diesem Leben lernen will, was also die »Absicht« unserer Seele ist. Diesen »Lebensplan« können wir nicht einfach ändern. Wir können uns in diesem Rahmen nur entscheiden, ob wir unser gesamtes Handeln und Tun dementsprechend abstimmen, dass wir im

Einklang damit stehen und somit das Lernen leichter fällt, oder ob wir uns mit unserem Ego dagegen sträuben, unseren Ängsten, Vorbehalten und Egoismen die Herrschaft überlassen und dann das Leben beschwerlicher und schmerzhafter wird, als es nötig wäre. Innerhalb dieses Lebensplans haben wir also einen freien Willen und können – ja müssen – uns permanent entscheiden, wohin unsere Reise geht. Je weiter wir uns durch unsere Entscheidungen von unserem Lebensplan entfernen, desto größere Spannung entsteht und desto schmerzvoller werden unsere Lernerfahrungen. Da unser ganzes Leben auf energetischer Ebene dem Resonanzgesetz unterliegt (Seite 16), ziehen wir auch nur Menschen, Ereignisse und Situationen in unser Leben, die exakt unseren eigenen inneren Themen entsprechen. Dementsprechend kann uns überhaupt nichts widerfahren, was dem reinen Zufall unterliegt.

Verantwortung und Schuld

»Du bist selber schuld an deiner Krankheit«, bekommt man dann oft zu hören. Dabei sollten wir aber bedenken, dass Schuld ein menschengemachtes Konzept ist. Schuld ist die Voraussetzung für Bestrafung, Reglementierung und entsprechend Sühne. Gerichte oder göttliche Instanzen der verschiedenen Religionen beurteilen dementsprechend unser Verhalten und

Handeln anhand festgelegter Regeln, aus denen abgeleitet werden kann, ob jemand Schuld auf sich geladen hat. Entsprechend der Schwere der Schuld erfolgt die Bestrafung oder Vergebung. Wir sehen also, dass wir für das Schuldkonzept Regeln, Normen und Werte brauchen. Erst durch den Verstoß dagegen kann es überhaupt zu »Schuld« kommen. Äußere Regeln in Form von unumstößlichen Gesetzen legen fest, was rechtens ist, aber auch unausgesprochene kollektive Verhaltensmuster können eine Orientierung bieten. Teilweise unabhängig davon haben wir gleichzeitig auch innere individuelle Normen und Werte verinnerlicht, aus denen sich unser Gewissen bildet.

Für das funktionierende Zusammenleben von Menschen ist das sicherlich wichtig, hilft uns aber bei der Betrachtung von Krankheiten nicht weiter. Die Krankheit oder die vorhandenen Symptome mit dem Schuldbegriff zu verknüpfen, führt zu keiner Lösung.

Was ist Verantwortung?

Besser eignet sich der Begriff der Verantwortung. In diesem Wort steckt bereits die »Antwort«. Wir definieren hier also Verantwortung folgendermaßen:

Das Leben stellt uns mit jeder Begegnung und mit jedem Ereignis, mit dem wir bewusst oder unterbewusst in Resonanz gehen, eine Frage: »Wie antwortest du mir?«

Niemand ist perfekt, keiner kann zu hundert Prozent die Auswirkungen seiner Handlungen oder seines Nicht-Handelns abschätzen. Oft kennen wir die zugrunde liegenden Gesetzmäßigkeiten überhaupt nicht, und so führt unser Verhalten immer wieder auch zu unerwünschten Ergebnissen. Und wer handelt nicht auch einmal unvernünftig und geht unwägbare Risiken ein? Wer von uns ist so in der Selbst- und Nächstenliebe, dass er sich selbst und dem Leben dient, sodass nur noch lebensförderndes Wachstum stattfindet zum Wohle aller Wesen? Wenn dem so wäre, würden wir uns unserem Wesen und unserer Konstitution entsprechend vollkommen gesund ernähren, den perfekten Schlaf-Wach-Rhythmus einhalten, einen gesunden Rhythmus von Anspannung und Entspannung leben, jegliches umweltschädigendes Verhalten wie Autofahren oder Fliegen unterlassen, niemanden mehr belehren, alle negativen Verhaltensweisen wie Neid, Missgunst, Überheblichkeit, Herrschsucht usw. überwunden haben …

Unvollkommenheit und Perfektion

Leben ist immer nur in seiner Unvollkommenheit mit all seinen Ecken und Kanten perfekt. Kein Baum gleicht dem anderen, kein Grashalm, keine Landschaft, kein Berg. Alles hat individuelle, voneinander abweichende Merkmale, selbst jeder Grashalm ist einzigartig. Es geht darum, das Beste aus sich und seinem Leben zu machen. In unserem Zusammenhang heißt das, dass wir genau das in unserem Leben verwirklichen, was sich unsere Seele vorgenommen hat für diese Inkarnation. Wenn wir diese Seelenabsicht nicht egoistisch, ohne Rücksicht auf andere durchsetzen, sondern aus einer tiefen Liebe zur gesamten Schöpfung und zu uns selbst leben, dann sind wir auf einem guten Weg. Das heißt nicht, dass uns nicht Schicksalsereignisse begegnen, die uns an unsere Grenzen bringen und uns herausfordern. Dass uns das Leben immer wieder prüft und uns fragt, ob wir es wirklich ernst meinen, gehört zum Leben dazu. Denn genau in Situationen, in denen wir gezwungen sind, unsere Komfortzone zu verlassen, in denen wir an unsere Grenzen und darüber hinaus kommen, steckt die größte Chance zur Entwicklung für uns und unsere Seele. Würden wir es uns nur bequem machen, uns nicht mehr bewegen und ängstlich am bisher Erreichten festhalten, dann würden wir uns gegen den natürlichen Lebensfluss stellen, der Bewegung, Erkenntnis und Entwicklung fordert und mit sich bringt.

Im Fluss des Lebens

Leben bedeutet andauernde Veränderung, Stillstand bedeutet dementsprechend Tod. Aus Seelensicht gibt es nichts Schlimmeres als Lethargie, Trägheit, Stillstand und das Verharren in bestimmten Zuständen. Wir alle wollen glücklich und gesund sein, aber diese Zustände können wir nicht festhalten. Das Leben fordert uns immer wieder auf, Glück und Gesundheit entsprechend dem momentanen Lebensabschnitt, in dem wir uns gerade befinden, neu zu definieren und uns entsprechend neu auszurichten. Mit zwanzig Jahren hat unser Körper andere Bedürfnisse als mit siebzig. Wer mit achtzig Jahren immer noch dieselben körperlichen Leistungen wie in jungen Jahren erbringen will, der hat etwas nicht verstanden. Genauso ändern sich im Laufe des Lebens unsere Wünsche, Erwartungen und grundlegenden Bedürfnisse, und das Leben fordert uns auf, uns dementsprechend zu verändern und anzupassen. Wer mit siebzig Jahren immer noch in derselben Kneipe mit denselben Leuten aus seiner Jugend sitzt und immer noch genau dieselben Themen diskutiert, immer noch die gleichen Probleme hat und sich entsprechend nicht weiterentwickelt hat, wer überhaupt nichts aus seinem Leben entsprechend seinen Veranlagungen gemacht hat, wer sich jeder Veränderung widersetzt hat, braucht sich nicht über das böse Leben zu beklagen, das ihn immer wieder daran erinnert, dass seine Seele mit anderen Absichten hierhergekommen ist und sich entsprechend entwickeln wollte.

Ohne Überheblichkeit

Dabei geht es, wie gesagt, nicht um Schuld, sondern um Verantwortung. Vielleicht hat sich eine Seele aber auch vorgenommen, in diesem Leben die Erfahrung des Stillstandes zu machen oder die Erfahrung einer schweren Krankheit zu erleben. Wir sollten mit dem Bewerten anderer Menschen vorsichtig sein, denn wir wissen nicht, worin die Absicht dessen Seele besteht, welche Erfahrungen diese in diesem Erdenleben machen will. Hier ist Demut, Achtung und Respekt vor dem Schicksal eines jeden Einzelnen angebracht und sicherlich nicht Kritik, Überheblichkeit oder Besserwisserei. Jeder muss selbst wissen und entscheiden, worauf er seinen Fokus im Leben richtet, was für ihn wichtig ist, welchen Weg er entsprechend geht und ob er sich bewusst, aktiv und freiwillig entwickeln will oder nicht. Das Leben ist so ausgerichtet, dass jeder Mensch entsprechende Erfahrungen macht. Ob diese zu Erkenntnis und Gesundheit, zu Selbstlosigkeit und in die Liebe führen oder uns durch Krankheit, Leid, Verzweiflung, Ablehnung und Hass führen, das können wir entsprechend unseren Möglichkeiten und unserer Bereitschaft, uns zu entwickeln, zumindest mitentscheiden.

Verbindungen und Zusammenhänge

Alles, was wir tun, hat bestimmte Konsequenzen und führt zu einem bestimmten Ergebnis. Wenn wir durch unsere Handlungen immer die gleichen ungewollten, schmerzhaften oder unbefriedigenden Ergebnisse erzielen, sollten wir uns doch einmal genauer anschauen, wodurch unser Handeln und Tun motiviert ist.

Grundlage sind unsere Gedanken, die daraus resultierenden Gefühle, unsere Überzeugungen, abgespeicherten Glaubenssätze, tiefliegenden Programmierungen, Wünsche, Sehnsüchte, Visionen, unsere bisherigen Erfahrungen und unsere Grundstimmungen. Hier müssen wir suchen und erkennen, welcher Teil uns immer wieder scheitern lässt, uns immer wieder in das gleiche Krankheitsgeschehen und zu unerwünschten Ergebnissen führt. Wir bezeichnen diesen Teil in uns als unseren inneren Boykotteur. Dass dieser überhaupt in uns lebt, beruht wiederum nicht auf Zufall oder ist gottgegebenes Schicksal, sondern hat bestimmte Gründe, die uns zunächst aber unklar erscheinen.

Der innere Boykotteur

Der innere Boykotteur, der in jedem von uns sein Eigenleben führt, setzt sich aus allen Boykottprogrammen, allen pathologischen Neins, allen Blockaden und Trennungen in unseren Energiesystemen, aus unseren negativen Glaubenssätzen usw. in uns zusammen. Jedes Mal, wenn wir wieder gegen die Absicht und gegen die Energien der zwei Seelen in uns handeln, nähren wir ihn ein Stück mehr und verfestigen damit seine Vormachtstellung in unserem System. Dabei erfüllt er eine wichtige und dienende Aufgabe in uns, auch wenn uns das nicht bewusst ist. Er besetzt die Stellen in unserer Psyche und Seele und in unseren Gedanken und Gefühlen, die nicht im Sinne der Seelenabsicht arbeiten. Seine Aufgabe ist es, dort so lange die Stellung zu halten, bis wir wieder Licht in die Dunkelheit bringen und er damit seine Position wieder aufgeben kann. Er sorgt somit dafür, dass die Polarität in uns aufrechterhalten wird, und damit ist er Diener des großen Ganzen. Er gibt seine Position erst dann wieder frei, wenn wir ehrlich und ohne Manipulationsgedanken in unsere Eigenverantwortung, in die Liebe und Schöpferkraft gegangen sind und wenn wir aus dieser Position heraus einerseits die Dunkelheit in uns überwunden haben und gleichzeitig die Dunkelheit als zweiten, notwendigen Pol des Lebens – als den Pol, der uns in die Entwicklung zwingt – akzeptieren, ehren und ihm den gebührenden Respekt und Achtung entgegenbringen. Er ist der Teil schlechthin in uns, der uns zum »Weitergehen« zwingt, an dem wir uns reiben, mit dem wir kämpfen und an dem wir wachsen. Ohne ihn gäbe es für uns keine Veranlassung, uns zu entwickeln. Wir würden im Stillstand verharren, und damit würden wir den Weg nach Hause, den Weg in die Ganzheit und Vollkommenheit nicht beschreiten. Schlicht und einfach, weil wir die Notwendigkeit zur Entwicklung nicht fühlen würden, weil wir nicht erkennen könnten, was wir wirklich sind: Teil des großen Ganzen, göttlich in unserem Kern, reine, pure Liebe, reine Energie, Schöpferwesen.

Blockaden und Störungen

Das Problem des inneren Boykotteurs ist, dass er ein Eigenleben entwickelt hat und keine dienende Position mehr in unserem System innehat. Oft hat er gänzlich die Kontrolle übernommen. Da er unsere Gedanken und Gefühle kontrolliert und unsere Zugänge zu unserer Intuition und Seelenweisheit blockiert, haben wir keinen Zugriff mehr auf unsere Seelenabsicht. Unser Herz und das, wofür wir brennen, ist uns nicht mehr zugänglich. Ab einem gewissen individuellen Zeitpunkt sind nicht mehr wir selbst Herr in unserem Tempel. Der Boykotteur hat unseren Thron bestiegen, und wir werden zu seinem Sklaven. Nicht er dient uns, sondern wir ihm. Wir vergessen unsere göttliche Herkunft, wissen nicht mehr, wer wir wirklich sind, und haben keinerlei Zugriff mehr auf unsere göttliche Schöpferkraft. Wir werden immer kleiner, ängstlicher und fremdbestimmter. Da der Boykotteur seine Herrscherposition nicht mehr aufgeben kann und will, wird er alles dafür tun, um diese Stellung nicht mehr zu verlieren. Er manipuliert uns dahingehend, dass unsere inneren Blockaden und Störungen im Energiefluss weiter aufrechterhalten werden und wir so abgeschnitten bleiben von unserem wahren Kern.

Um uns unsere Macht zurückzuholen, bedarf es einer klaren Fokussierung und des Willens, wieder selbst »Herr im eigenen Haus« zu sein. Dazu müssen wir konsequent den Weg der Seelenheilung gehen.

Seelenheilung

Die Seele kommt alt zur Welt, aber sie wird jung.
Das ist die Komödie des Lebens.
Und der Leib kommt jung zur Welt und wird alt.
Das ist die Tragödie des Lebens.

Oscar Wilde,
irischer Schriftsteller (1854–1900)

Wollen wir unsere Individualseele und unsere Ahnenseele dauerhaft in einen Zustand des Heilseins und der Harmonie, Kraft und Liebe bringen, dann ist es nicht mit einzelnen, isolierten Maßnahmen getan. Manche Menschen unterliegen dem Irrglauben, der auch von manchen Trainern und Therapeuten forciert wird, dass wir uns hier vor einem tiefgehenden Transformationsprozess drücken könnten und es doch ganz einfach mit ein paar oberflächlichen neuen Glaubenssätzen oder einfachen Mentaltechniken getan wäre. Es gibt sehr viele gute Methoden, die uns eine momentane und sofort spürbare Erleichterung verschaffen. Aber damit lösen wir nicht die zugrunde liegenden tiefsitzenden Traumata oder gehen einen Weg, der uns, unserer Individualseele und unserer Ahnenseele und deren Anliegen und tiefen Wünschen nach Erkenntnis, Entwicklung und Liebe wirklich gerecht wird.

Der Weg zur Heilung

Wollen wir eine dauerhafte, bleibende Veränderung in unserem Leben erreichen, dann sind wir eingeladen, einen an manchen Stellen sicherlich schmerzhaften Weg zu gehen, der uns einen Weg aus unseren Ängsten aufzeigt, manchmal an unsere vermeintlichen Grenzen und darüber hinaus führt und uns zutiefst mit uns selbst und unserer tiefsten Wahrheit konfrontiert, die wir normalerweise in unserem Alltagstrott verdrängen und nicht wahrhaben wollen.

Wir werden uns mit den essenziellen Fragen unseres Daseins auseinandersetzen dürfen und die dunkelsten Bereiche unseres Seins beleuchten. Wir begeben uns auf unsere persönliche, einzigartige Heldenreise, verlassen unsere vordergründig sichere Komfortzone und reisen in bisher unbekannte Gefilde unseres Seins. Dadurch verbinden sich die zwei Seelen ganz automatisch wieder miteinander und arbeiten gemeinsam mit aller Kraft für uns, unsere Gesundheit und unsere Berufung.

Der Zauderer in uns

Das hört sich zunächst anstrengend an, und vielleicht schreckst du hier zurück und fragst dich, warum du denn solcherlei Mühen und Anstrengungen auf dich nehmen sollst. Vielleicht meldet sich eine Stimme in dir, die dir sagt, dass doch alles gar nicht so schlimm ist, dass deine Krankheit gut zu ertragen ist, dass dein Leben doch so, wie es ist, ganz in Ordnung ist. Vielleicht ist es das auch, du bist zufrieden und hast dich ansonsten mit den Dingen, die nicht besonders gut laufen, arrangiert:

- Mit deiner Beziehung, die zur Gewohnheit geworden ist.
- Mit deinen Freundschaften, die dich nicht wirklich bereichern.
- Mit deiner Wohnung, in der du dich nicht wirklich wohlfühlst.
- Mit deiner Herkunftsfamilie, mit der du lieber nichts zu tun haben willst.
- Mit deinen Eltern, denen du immer noch die Schuld gibst, dass es dir schlecht geht.
- Mit deinen körperlichen Schmerzen und Problemen, die du inzwischen als normal empfindest.
- Mit deinen psychischen und seelischen Problemen, die dich daran hindern, glücklich zu sein.
- Mit …

Diese Liste gibt nur ein paar Beispiele dafür, dass wir alle manchmal dazu neigen, in bestimmten Lebensbereichen aufzugeben, oder erst gar nicht anfangen, uns zu verändern, uns unseren Problemen zu stellen und der Wahrheit ungeschminkt ins Gesicht zu sehen.

Es liegt an dir

Hier an diesem Punkt gilt es, klare Entscheidungen zu treffen:
- Willst du so weitermachen wie bisher oder bist du bereit, wirklich etwas in deinem Leben zu verändern?
- Bist du bereit, deine bisherige Komfortzone zu verlassen?
- Bist du bereit, die volle Verantwortung für dich und dein Leben zu übernehmen?
- Bist du bereit für deine Wahrheit?

Wenn du alle Punkte mit einem klaren Ja beantworten kannst, dann bist du bereit für deine Heldenreise. Es geht nicht darum, keine Zweifel, Ängste oder Vorbehalte mehr zu haben. Sobald wir beginnen, in Gedanken unsere gewohnten Bahnen zu verlassen und uns neuen Möglichkeiten zu öffnen, werden Teile in uns – unser Zauderer und unser Boykotteur – versuchen, uns daran zu hindern, weitere positive Aspekte zu erkunden, die diese neuen Wege mit sich bringen würden. Sie versuchen uns einzureden, dass diese Wege viel zu gefährlich seien und uns unweigerlich umbringen würden. Das Risiko sei viel zu hoch. Natürlich ist das Risiko viel zu hoch, aber nicht für uns und unsere Seelen, sondern für unseren Boykotteur und unseren Zauderer, denn sie müssen ihre Vormachtstellung aufgeben, je klarer wir unseren Weg gehen. Eine gute Vorbereitung und gute Planung ermöglichen uns zudem, kalkulierte Risiken einzugehen. Natürlich besteht auch dabei die Gefahr, dass wir nicht zu dem gewünschten, erhofften Ergebnis kommen. Aber genau das Tun gehört zum Lernen und Lebendigsein dazu. Wenn wir niemals den Mut aufbringen, etwas Neues auszuprobieren, dann gibt es auch keine Veränderung und wir sind im Stillstand und im immer gleichen Hamsterrad gefangen. Leben bedeutet aber immer Veränderung. Wachstum ist nur möglich, wenn wir alte, überkommene Strukturen verändern oder wenn nötig auch hinter uns lassen und neue Wege gehen.

Kinder haben diese natürliche Neugierde auf das Leben noch im Gepäck. Wenn sie laufen lernen und Angst vor dem ersten Schritt hätten, würden sie immer auf dem Boden bleiben. Wenn sie hinfallen und nicht wieder aufstehen würden, würden sie sich nicht weiterentwickeln. Leider verlernen und vergessen wir im Laufe unserer Erziehung und Entwicklung diese natürliche Neugierde in uns und geben stattdessen der Angst und der Lethargie immer mehr Raum. Vor lauter Angst vor dem Scheitern und dem Zweifel an unserer eigenen Stärke und Schöpferkraft verdrängen wir das Grundprinzip des Lebens – Veränderung – und verharren lieber im Stillstand. Bringen wir also den Mut auf und öffnen wir uns der Möglichkeit, dass wir es selbst in der Hand haben, unser Leben glücklicher, gesünder und erfüllter zu gestalten.

Die Reise des Helden

Um nun sowohl unsere Individualseele als auch unsere Ahnenseele zu heilen und beide in Einklang zu bringen, sodass sie Hand in Hand ihr gemeinsames Weisheitspotenzial, ihre ganze Kraft und Liebe entfalten können, begeben wir uns auf unsere persönliche Heldenreise.

Die Heldenreise begegnet uns in unterschiedlichsten Varianten in allen Mythologien und Heldengeschichten. Das Grundthema dabei ist immer das gleiche:

Ein ganz normaler Mensch wird entweder durch das Leben in Form eines inneren Rufes oder durch äußere Ereignisse wie Schicksalsschläge oder andere Herausforderungen dazu aufgefordert oder gezwungen, seinen normalen Alltag zu verlassen. Er macht sich auf eine Reise, um ein bestimmtes Ziel (den Drachen töten, die Prinzessin retten, den heiligen Gral finden …) zu erreichen. Das Ziel ist vom bisherigen Lebensumfeld unseres Helden sehr weit entfernt und erscheint zunächst fast unerreichbar. Auf der Reise begegnet unser Held den unterschiedlichsten Herausforderungen, Aufgaben und Gefahren, die ihm das Leben stellt. Er muss sie alle meistern und wächst dabei kontinuierlich weiter, bis er sich alle Fähigkeiten angeeignet hat, um zunächst in der Dunkelheit sich selbst, seinen Sehnsüchten, Wünschen, Ängsten, tiefsten Wahrheiten usw. zu begegnen und sich selbst zu meistern. Jetzt ist unser Held stark genug und geläutert und weiß, wer er ist und warum er wirklich auf dieser Reise ist. Er macht sich weiter auf den Weg der Heilung und gelangt schließlich zu seinem Ziel. Dort wird er erneut vom Leben geprüft, und er muss beweisen, dass er es wirklich ernst meint und sich als würdig erweist, als Geschenk seine eigenen tiefsten Wünsche erfüllt zu bekommen. Schafft er auch diese letzte Hürde, erfüllt sich sein Schicksal, er ist am Ziel seiner Reise angelangt und kehrt dann gewachsen und transformiert nach Hause zurück. Dort bleibt er, bis er erneut den Ruf verspürt und er sich wieder auf die Reise macht, um weiter zu wachsen und sein Leben zu meistern.

Das Seelenrad

Unsere Heldenreise, die wir hier unternehmen, führt uns durch das Seelenrad. Das Seelenrad symbolisiert verschiedene Lebensbereiche, die notwendig sind, um unsere Ahnenseele und unsere Individualseele zu heilen und in Harmonie zu bringen.

Dabei erkennen wir uns im Feld »Deine Vision und Bestimmung« selbst und stehen am Ende der Reise vor der letzten großen Hürde – dem »Loslassen« –, bevor wir unser Ziel erreichen.

Die 12 Felder des Seelenrades

Das Seelenrad symbolisiert 12 notwendige Schritte, um vom »Kranksein« zum »Gesundsein« (Seite 38 ff.) zu gelangen:

1. Wir beginnen unsere Reise mit einer Bestandsaufnahme unseres aktuellen Zustandes und bestimmen das Ziel.

2. Wir öffnen uns für die Liebe zu uns selbst als wichtigste Voraussetzung für eine erfolgreiche Reise.
3. Wir verbinden die drei wichtigsten Weisheitsinstanzen in uns: unser Kopfhirn, Herzhirn und Bauchhirn.
4. Wir aktivieren unsere drei wichtigsten innerseelischen Quellen der Kraft – den Quell des Lebens, den Ort der Kraft und den Fels der Ahnen.
5. Wir lösen die Fesseln der Vergangenheit, lassen alte Wunden heilen und transformieren die blockierenden Muster in ein Feld der Kraft.
6. Wir transformieren unsere Zukunftsängste in ein Feld des Mutes, der Zuversicht und Freude.
7. Wir aktivieren unsere eigene Schöpferkraft im Hier und Jetzt.
8. Wir begeben uns auf die Visionssuche, um unsere Lebensvision und Lebensaufgabe zu erkennen.
9. Wir verbinden uns mit unserer eigenen inneren Heilkraft und aktivieren diese, sodass Heilung stattfinden kann.
10. Wir heilen unser Energiefeld, unsere Aura und unsere Chakras, sodass diese wieder optimal arbeiten können.
11. Wir heilen unser Zellgedächtnis, sodass dieses frei von allen blockierenden Mustern wieder unsere Gesundheit fördert und unterstützt.
12. Wir lassen alles los, was uns noch behindert, blockiert und im negativen Kreislauf festhält, bevor wir das Tor zur Gesundheit zu unserem Ziel durchschreiten.

Fallbeispiel

Theresa (43 Jahre, verheiratet, zwei Kinder im Alter von 22 und 18 Jahren) hatte seit 17 Jahren chronisch rezidivierende Migräneanfälle. Bisherige Therapien – sowohl schulmedizinische als auch naturheilkundliche – brachten bis auf vorübergehende leichte Verbesserungen keinen Erfolg.

Als Ziel ihrer Heldenreise formulierte sie die Heilung der Migräne. Wir vereinbarten einen einwöchigen Therapierhythmus, um in drei Monaten die Heilreise durch das Seelenrad zu bewältigen.

Im Laufe der Wanderung durch das Seelenrad zeigten sich die innerseelischen Ursachen der Migräne: Auslöser war die massive Überforderung nach der Geburt ihres zweiten Kindes (Schreibaby, mehrere Klinikaufenthalte und OPs in den ersten beiden Lebensjahren). In der Individualseele wurden dabei mehrere Themen aktiviert: ihre eigenen traumatischen Kindheitserfahrungen durch die Überforderung ihrer Eltern, ihre massiven, aber verdrängten Ängste, keine gute Mutter zu sein, und ein mitgebrachter Seelenvertrag (»Ich muss es immer allen recht machen«). Ebenso gab es in der Ahnenseele Blockaden durch Überforderung, überzogene Ansprüche und massive Ängste, die damit aktiviert wurden.

Die Bearbeitung dieser Themen brachte bereits eine Verbesserung der Symptomatik. Ein richtiger Erfolg stellte sich in der siebten Woche ein. Dadurch, dass Theresa sich mit ihrer

Seelenbestimmung auseinandersetzte und begann, eine Vision für sich jenseits ihrer Mutterrolle zu entwerfen, bekam sie ab diesem Zeitpunkt keine neuen Migräneanfälle. In den darauffolgenden Wochen stabilisierte sich ihr gesamter Zustand, ihre Kraft und Lebensenergie kehrten zurück.

Ein Jahr nach ihrer Heldenreise waren keine neuen Migräneanfälle mehr aufgetaucht, und Theresa arbeitete glücklich und voller Elan an der Umsetzung ihrer Vision.

Sicher und geschützt reisen

Wenn du eine Reise in den Winter machst, dann nimmst du wahrscheinlich warme Anziehsachen mit, gefütterte, wasserfeste Schuhe und eine warme Mütze. Wenn du eine Reise in den Sommer machst, wirst du wahrscheinlich leichte, luftige Bekleidung wählen, einen Sonnenhut und Sonnencreme mit einpacken. Wir bereiten uns also entsprechend den zu erwartenden Umständen vor und schützen uns vor der Kälte oder der Hitze.

Genauso wichtig ist es, sich auf eine spirituelle Reise vorzubereiten und entsprechend den zu erwartenden Umständen zu schützen. Nicht weil die Reise wirklich gefährlich wäre, wir begegnen letztendlich nur uns selbst und unseren eigenen Dämonen. Aber genauso, wie wir im Winter ungeschützt erfrieren können und uns die Sommerhitze ungeschützt einen

Sonnenbrand oder einen Hitzschlag bescheren kann, so gibt es auch in unseren eigenen energetischen Ebenen Bereiche und Energien, die bei einer Begegnung ohne jeglichen energetischen Schutz unsere Situation nur noch verschlimmern würden. Deshalb ist es immer notwendig, dich vor jeder Etappenreise entsprechend gut zu schützen.

Der Brennnesseldeva

Im Schamanismus geht man davon aus, dass alles, was existiert, beseelt ist. Bei Pflanzen sprechen wir von den Devas, den Seelen der Pflanzen. Eine der großen energetischen Schutzpflanzen ist die Brennnessel und deren Seelenenergie. Der Brennnesseldeva stellt uns seine Schutzenergie zur Verfügung, wenn wir ihn darum bitten.

Schließe dazu deine Augen und atme ein paar Mal tief ein und aus. Bitte dann den Brennnesseldeva um Schutz und schaue einfach, welche Bilder in dir aufsteigen, wie sich diese Schutzenergie in dir zeigt. Vielleicht entsteht ein Bild in dir, dass du gänzlich von einem Kreis von Brennnesseln umgeben bist, vielleicht siehst du dich einen Brennnesselsaft trinken. Vielleicht erscheint dir die Schutzenergie in Form einer Wesenheit, vielleicht spürst du auch nur ein Kribbeln an deinem Körper. Nimm deine Wahrnehmung so, wie sie ist, und bitte bei Bedarf auch immer wieder während deiner spirituellen Arbeit um den Schutz der Brennnessel.

Wenn du bereits mit einem anderen Schutzritual arbeitest,

dann kannst du das genauso verwenden. Wichtig ist nur, dich immer wieder bewusst um diesen Schutz zu kümmern.

Das Räucherritual

Eine weitere sehr gute Begleitung für deine Heldenreise ist das Räuchern – eine wunderbare Möglichkeit, um aus dem Alltagsstress auszusteigen, zu entspannen und dein Wohlbefinden zu steigern. Über den Geruchssinn haben wir unmittelbar Zugang zu unserem limbischen System, das heißt, wir können den Filter des rationalen Gehirns umgehen und direkt in unsere ursprünglichen Emotionszentren gelangen.

Im Schamanismus spielt das Räuchern eine wichtige, zentrale Rolle. Hier verbinden wir uns wieder mit den Seelenenergien der Räucherstoffe, die durch den Rauch und den Duft ihre helfende, heilende, wohltuende, entspannende und unterstützende Wirkung entfalten. Wichtig dabei ist, Räucherstoffe oder Mischungen zu verwenden, die dich bei deinem Vorhaben unterstützen und die du gerne magst (Bezugsquelle Seite 254).

Das Heilungsritual als wichtigster Begleiter

Wir werden auf unserer Reise das Seelenrad durchwandern und uns dabei mit jedem der 12 Themen auseinandersetzen. Wie besprochen werden wir dabei alle für uns relevanten Themen in beiden Seelen (Ahnenseele und Individualseele) finden. Damit tiefgehende Heilung und Transformation stattfinden kann, verwenden wir ein Heilungsritual, das uns auf unserem Weg begleitet und das wir bei den meisten Reiseetappen anwenden, um beide Seelen in ihre Kraft und Stärke zu bringen.

Die Vorbereitung des Rituals

Um das Ritual und überhaupt alle Schritte deiner Heldenreise durchführen zu können, bedarf es einiger Vorbereitungen. Du brauchst einen geschützten Ort, an dem du das Ritual und deine einzelnen Etappen der Reise durchführen kannst und an dem du völlig ungestört bist. Suche dir also zunächst einen Ort, an dem du für dich ohne Störung sein kannst und an dem du Telefon, Haustürklingel usw. nicht hörst oder abstellen kannst. Für die Schaffung eines rituellen Rahmens brauchst du eine Kerze, Meditationsmusik, den Klang einer schamanischen Trommel, Räucherwerk… Hier gibt es keine festen Regeln, wichtig ist, dass du dich wohlfühlst. Mache die Reise und das Ritual aber nicht in deinem alltäglichen Rahmen wie im Büro oder der Küche, ohne dass du zumindest eine Kerze aufstellst. Dein Unterbewusstsein und deine Seele brauchen ein klares Signal, dass jetzt etwas außerhalb des Alltagstrottes stattfindet und du dies entsprechend würdigst.

Für das Ritual brauchen wir fünf Stellvertretersteine, einen für uns selbst, einen für die Ahnenseele, einen für die Individualseele, einen für den Archetypen des inneren Schmiedes und einen für den Archetypen des inneren Feuers der Transformation.

Innerseelische Archetypen

Innerseelische Archetypen sind Urbilder der Seele.

Jeder Archetyp ist spezialisiert auf ganz bestimmte Lebensbereiche und Situationen. Wir verwenden hier symbolisch zwei innerseelische archetypische Kräfte – das Feuer der Transformation und den Schmied (wenn du mehr über innerseelische Archetypen erfahren willst, empfehle ich dir mein Buch *Schamanische Seelenreisen*, siehe Seite 253).

- Das Feuer der Transformation wandelt und transformiert blockierende Kräfte und Energien in innere Stärke und unterstützende Energie. Wir können dem Feuer alles übergeben, was uns belastet und unnötig Energie und Kraft kostet oder uns blockiert. Dadurch entsteht innere Freiheit und innere Kraft, die bisher gebunden war.
- Der Schmied löst und trennt alte, überlebte Verbindun-

gen, reinigt schwierige Beziehungen und macht unser Herz frei. Er ist zuständig für alles, was uns auf eine ungute Weise festhält. Hier können wir belastende, überholte Bindungen auf der Seelen- und Herzensebene lösen. Das kann die Bindung an eine Idee sein, aber genauso an einen Wertgegenstand. Und natürlich geht es hier auch um die Bindungen an Menschen. Auch Süchte erzeugen starke Bindungen. Alkohol, Zigaretten, Computer, Sex, Essen, Arbeit – alles kann zur Sucht werden, wenn es als Ersatzbefriedigung für nicht gelebte Lebensthemen und Lebensvisionen fungiert.

Suche dir also zunächst fünf maximal faustgroße Steine in der Natur, und frage sie innerlich, ob sie sich für deine Arbeit zur Verfügung stellen möchten. Alternativ kannst du auch Edelsteine oder jede andere Art von Steinen verwenden. Räuchere deine Steine mit einer Reinigungsmischung oder reinige sie symbolisch unter fließendem Wasser. Lege die Steine dann an deinem geschützten Ort entsprechend der folgenden Abbildung auf den Boden. Am besten machst du auch dies bereits in einem rituellen Rahmen, indem du eine Kerze anzündest, räucherst und eine Meditationsmusik-CD oder eine schamanische Trommel-CD laufen lässt. Bitte vor Beginn immer den Brennnesseldeva um Schutz für dein Ritual.

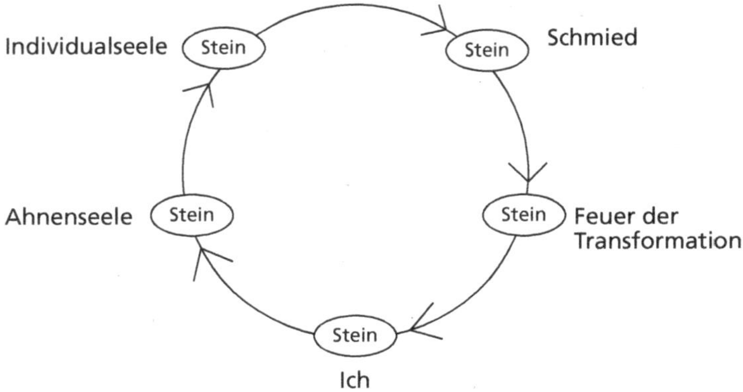

Die Aufstellung des Heilungsrituals

Mache dich zunächst mit dem Ritual vertraut. Stelle dich vorab auf alle Plätze und spüre dich in deren Energie. Lies dir die folgenden Seiten in Ruhe durch, und wenn du magst, dann probiere die einzelnen Schritte schon einmal aus. Für das Ritual brauchst du zwei Zettel, auf denen du Folgendes aufschreibst:

- Den Ausgangspunkt deiner Reise, also deine jetzige Situation.
- Dein Ziel, also den Zustand, den du durch deine Heldenreise erreichen willst.

Für deine Heldenreise schreiben wir später zwei ausführliche Briefe (Seite 86 ff.), in denen wir den Ausgangspunkt und das Ziel genau festlegen. Zum Ausprobieren genügt es, wenn du auf zwei Zettel »Krankheit« als Ausgangspunkt und »Gesundheit« als Ziel aufschreibst.

Das Ritual folgt genau festgelegten Regeln, und ich empfehle dir, dich nach Möglichkeit daran zu halten.

Um dir die Arbeit mit dem Ritual zu erleichtern, findest du unter www.schamanenpfad.de den Ritualablauf mit allen gesprochenen Texten zum kostenlosen Download zum Ausdrucken.

Der Ritualablauf

Schritt 1: Zunächst stellst du dich auf den Stellvertreterstein für dich selbst. Dann sprichst du am besten laut folgenden Text (oder du wählst deine eigenen Worte, die für dich stimmig sind):

- Ich bin heute hier, um zum Wohle aller Beteiligten Heilung zu ermöglichen.
- Ich bin hier, um Verbindungen wiederherzustellen und um blockierte Energien wieder zum Fließen zu bringen.
- Ich bin hier, um vom Kreislauf der Ablehnung, der Schwäche und der Krankheit in den Kreislauf der Liebe, Stärke und Gesundheit hinüberzuwechseln.

Mein konkretes Ziel habe ich formuliert. Ich lege es hier ab, damit die positive Energie ihre Kraft und Wirkung entfalten kann. (Hier nimmst du den Zettel, auf dem du dein Ziel notiert hast, und legst ihn unter deinen Stellvertreterstein. Dann atmest du wieder ganz bewusst nach unten.)

Schritt 2: Stelle dich jetzt auf den Stellvertreterstein für deine Ahnenseele. Nimm Kontakt auf, indem du ganz bewusst zunächst tief in dein Herz ein- und ausatmest und du dich so mit der Liebe verbindest. Atme zum Boden und zum Stellvertreterstein für deine Ahnen. Dann sprichst du am besten laut folgenden Text (oder du wählst deine eigenen Worte, die für dich stimmig sind):

- Meine Ahnen, meine Vorfahren. Ich bedanke mich bei euch, dass ich hier auf der Welt bin und euer Erbe in mir trage.
- Ich bedanke mich für alle positiven, aufbauenden und unterstützenden, gesundheitsfördernden Eigenschaften, die ihr mir mitgegeben habt und die durch euer Energiefeld durch mich fließen.
- Ich verneige mich vor euch, und ich achte euer Schicksal.
- Ich nehme euch wahr und sehe euch in eurer Schönheit und Größe, aber auch in eurer Kleinheit und Schwäche.
- Die Blockaden, Krankheiten und negativen Dinge, die ich durch euer Energiefeld und durch euer energetisches Erbe bisher übernommen und getragen habe, haben mir dieselben Dinge in meiner Seele aufgezeigt.
- Ich gehe jetzt den Weg der Heilung, und deshalb gebe ich euch diese Energien zurück, da ich sie nicht mehr brauche.

(Hier nimmst du den Zettel, auf dem du deinen Ausgangspunkt notiert hast, und legst ihn unter den Stein deiner Ahnen. Dann atmest du wieder ganz bewusst nach unten.)

- Nehmt bitte alles zurück, was von euch kommt, und transformiert es in kraftvolle, liebevolle und heilende Energie. Niemand von uns braucht die negativen Energien noch länger.

(Jetzt atmest du weiter und wartest, bis du dich entspannt fühlst und sich ein Gefühl von Wärme oder Frieden in dir ausbreitet. Dann nimmst du den Zettel, auf dem du deinen Ausgangspunkt notiert hast, wieder unter dem Stein weg und legst ihn beiseite.)

- Ich bedanke mich für eure Bereitschaft, mich zu unterstützen, und werde euch in meinem Herzen weiter Achtung und Respekt zollen.
- Nun verabschiede ich mich und gehe weiter.

Schritt 3: Stelle dich jetzt auf den Stellvertreterstein für deine Individualseele. Nimm Kontakt auf, indem du zunächst tief in dein Herz ein- und ausatmest und du dich so mit der Liebe zu dir selbst verbindest. Atme bewusst zum Boden und zum Stellvertreterstein für deine Individualseele. Dann sprichst du am besten laut folgenden Text (oder du wählst deine eigenen Worte, die für dich stimmig sind):

- Nachdem ich alles Blockierende zurückgegeben habe, was

aus der Ahnenseele kommt, stehe ich nun hier, um meine Individualseele zu heilen.

- Ich bedanke mich bei mir selbst und meiner Seele für meine eigenen Bemühungen und Erkenntnisse, die ich im Laufe meiner Erdenleben gemacht habe.
- Ich bedanke mich bei mir und meiner Seele für alle positiven, aufbauenden und unterstützenden, gesundheitsfördernden Eigenschaften, die ich mir erarbeitet habe und die in mir fließen.
- Ich verneige mich vor mir selbst, und ich achte mein Schicksal.
- Ich nehme mich wahr und sehe mich in meiner Schönheit und Größe, aber auch in meiner Kleinheit und Schwäche.
- Die Blockaden, Krankheiten und negativen Dinge, die ich bisher in mir getragen habe, haben mich auf diesen Weg gebracht.

(Hier nimmst du den Zettel, auf dem du deinen Ausgangspunkt notiert hast, und legst ihn unter den Stein deiner Individualseele. Dann atmest du wieder ganz bewusst nach unten.)

- Ich gehe jetzt den Weg der Heilung. Deshalb bedanke ich mich bei allen Energien, die mir nicht guttun und die ich für meinen weiteren Weg nicht mehr brauche. Im nächsten Schritt werde ich diese loslassen.

(Jetzt atmest du tief in dein Herz und wartest, bis du dich entspannt fühlst und sich ein Gefühl von Wärme oder Frieden in dir ausbreitet. Dann nimmst du den Zettel, auf dem du deinen Ausgangspunkt notiert hast, wieder unter dem Stein weg und legst ihn beiseite.)

- Ich bedanke mich für meine Bereitschaft, mich selbst zu unterstützen, und werde mir in meinem Herzen weiter Achtung und Respekt zollen.
- Nun verabschiede ich mich und gehe weiter.

Schritt 4: Stelle dich jetzt auf den Stellvertreterstein für den Archetypen des Schmiedes. Lege unter den Stein den Zettel, auf dem du deinen Ausgangspunkt notiert hast. Nimm Kontakt auf, indem du bewusst tief in dein Herz ein- und ausatmest und du dich so mit der Liebe verbindest. Atme zum Boden und zum Stellvertreterstein für deinen inneren Schmied. Dann sprichst du am besten laut folgenden Text (oder du wählst deine eigenen Worte, die für dich stimmig sind):

- Mein innerer Schmied, ich bitte dich, durchtrenne alle Beziehungslinien, die sich überlebt haben und die mich und mein Herz nur noch belasten.
- Reinige alle Beziehungslinien, die einer grundlegenden Reinigung und Neuausrichtung bedürfen.

(Jetzt atmest du tief in dein Herz und wartest, bis du dich entspannt fühlst und sich ein Gefühl von Wärme oder Frieden in dir ausbreitet. Dann nimmst du den Zettel, auf dem du deinen Ausgangspunkt notiert hast, wieder unter dem Stein weg und legst ihn beiseite.)

- Ich bedanke mich bei meinem inneren Schmied für die Bereitschaft, mich auf meinem Weg der Heilung zu unterstützen.
- Nun verabschiede ich mich und gehe weiter.

Schritt 5: Stelle dich jetzt auf den Stellvertreterstein für den Archetypen des Feuers der Transformation. Lege unter den Stellvertreterstein den Zettel, auf dem du deinen Ausgangspunkt notiert hast. Nimm Kontakt zum Feuer auf, indem du ganz bewusst zunächst tief in dein Herz ein- und ausatmest und du dich so mit der Liebe verbindest. Atme zum Boden und zum Stellvertreterstein für dein Feuer der Transformation. Dann sprichst du am besten laut folgenden Text (oder du wählst deine eigenen Worte, die für dich stimmig sind):

- Mein inneres Feuer der Transformation, ich bin hier, um dich zu bitten, dass du alles, was mich belastet und blockiert und was meiner Heilung noch im Weg steht, heute durch deine inneren Flammen transformierst und in ein Feld der Kraft, der Heilung und Liebe verwandelst.

(Jetzt atmest du tief in dein Herz. Stelle dir innerlich vor, wie durch deine Hände alles Belastende und Blockierende zu den Flammen fließt. Warte, bis du dich entspannt fühlst und sich ein Gefühl von Wärme oder Frieden in dir ausbreitet. Dann nimmst du den Zettel, auf dem du deinen Ausgangspunkt notiert hast, wieder unter dem Stein weg und legst ihn beiseite.)

- Ich bedanke mich bei meinem inneren Feuer der Transformation für die Bereitschaft, mich auf meinem Weg der Heilung zu unterstützen.
- Nun verabschiede ich mich und gehe weiter.

Schritt 6: Stelle dich jetzt erneut auf den Stellvertreterstein für dich selbst. Nimm Kontakt auf, indem du bewusst tief in dein Herz ein- und ausatmest und du dich so mit der Liebe verbindest. Atme zum Boden und zum Stellvertreterstein für dich selbst. Spüre dich einfach in die jetzt dort herrschende Energie und nimm die Veränderung wahr. Dann sprichst du am besten laut folgenden Text (oder du wählst deine eigenen Worte, die für dich stimmig sind):

- Nun ist Heilung und Transformation geschehen.
- Ich bedanke mich bei allen Beteiligten und bei mir selbst für die Bereitschaft, mich auf meinem Weg der Heilung zu unterstützen und mich in Kraft, Weisheit und Liebe zu begleiten.

(Nimm jetzt deinen Zettel, auf dem du dein Ziel notiert hast, der unter dem Stein liegt, und lege ihn beiseite.)

Dann verlässt du deine Aufstellung und das Ritual ist beendet.

Dieses Ritual machen wir bei jedem einzelnen Reiseabschnitt. Es hilft uns, dass alles, was das entsprechende Thema blockiert und hemmt und uns, unsere Individualseele und unsere

Ahnenseele in unserem negativen Kreislauf gefangen hält, zu lösen und in Freiheit zu bringen.

Der Umgang mit Blockaden und Verletzungen

Auf jeder Heldenreise stoßen wir unweigerlich auf Blockaden und Verletzungen. Diese aufzuspüren, sie zu erkennen und in Heilung zu bringen, ist sinnvoll und Teil unserer Arbeit. Dadurch wachsen wir, erkennen uns selbst klarer und werden jedes Mal mehr zum Schöpfer unserer Realität und zum Meister unseres Seins. Manchmal kann es aber passieren, dass wir auf unserer Reise durch das Seelenrad an einen Punkt kommen, der uns unüberwindlich erscheint. Der Schmerz ist einfach zu groß, wir fühlen uns viel zu klein und unbedeutend, glauben nicht daran, dass wir genügend Kraft haben, oder unsere Angst scheint uns komplett zu blockieren. Gerade an solchen Punkten ist es wichtig, nicht einfach blind davonzulaufen. Manchmal ist es sinnvoll, sich dann professionelle Hilfe zu holen. Es ist kein Zeichen von Schwäche, sich ein Stück weit begleiten zu lassen. Wir müssen nicht immer alles alleine durchstehen, und manche traumatischen Ereignisse sollten tatsächlich nur mit Begleitung aufgearbeitet werden. Wenn du also entsprechende Punkte in deinem Leben kennst oder während deiner Reise spürst, dass es alleine zu viel wird, dann erlaube dir, dir helfen zu lassen. Suche dir einen erfahrenen schamanischen Therapeuten oder einen guten Traumatherapeuten und lass dich so lange wie nötig begleiten. Es ist ein Zeichen von Stärke und Souveränität, dich nicht zu überschätzen, sondern entsprechend Hilfe in Anspruch zu nehmen.

Wenn etwas nicht klappt

Im Idealfall führst du das Heilungsritual auf allen Etappen deiner Reise wie beschrieben durch und empfindest dabei Frieden, innere Freiheit, Liebe, Stärke, Heilung …

Nun kann es aber passieren, dass dein Boykotteur sich nicht einfach geschlagen gibt und er zur Höchstform aufläuft, um dich am Erfolg deines Heilungsrituals und überhaupt deiner ganzen Heldenreise zu hindern. Folgende Strategien kommen dabei häufig zum Einsatz:

- Du spürst nichts auf den Positionen der Stellvertretersteine.
- Deine Emotionen und Gefühle überwältigen dich.
- Es tauchen ständig negative, kritische Gedanken auf, die deine Aufmerksamkeit beanspruchen.
- Du wirst ständig abgelenkt und gestört.

Treten diese oder andere Phänomene auf, die dich am Erfolg deines Rituals hindern, dann unterbrich kurz dein Ritual. Sprich dann am besten laut mit deinem Boykotteur:

»Ich nehme dich wahr und registriere deine Versuche, meine Absicht zu boykottieren. Ich weiß, dass du es letztendlich nur gut meinst und du Angst hast, aber ich werde mich nicht mehr von meiner Absicht abbringen lassen, mich zu heilen und meine Bestimmung zu leben.«

Nimm ihn symbolisch liebevoll in den Arm, und dann kehre fokussiert wieder zu deinem Ritual zurück. Falls es immer noch nicht funktioniert, dann verstärke deinen rituellen Rahmen, mit dem du das Ritual begleitest (Meditationsmusik oder schamanische Trommel, Kerze, Räuchern). Konzentriere dich zusätzlich auf den Bereich deines Solarplexus. Dort ist das Tor zu deiner Intuition. Massiere diesen Bereich, räuchere mit einer Räuchermischung, die du magst, direkt dorthin, und stelle dir vor, wie sich der Zugang zu deiner Intuition öffnet.

Wenn keine Maßnahme hilft, dann überprüfe, ob du wirklich entspannt bist, ob du dir einen geschützten Rahmen aus Raum und Zeit geschaffen hast oder ob du innerlich unter Druck stehst. Wenn der Alltag schon drängt, dann brich lieber ab und mache weiter, wenn du Zeit und einen ungestörten, geschützten Raum für dich hast.

Manchmal tauchen trotz aller Maßnahmen keine entsprechenden Empfindungen auf, gerade wenn du mit ritueller Arbeit bisher keine Erfahrung hast. Mache dir dann keinen Stress, meditiere vorher oder mache Yoga – irgendetwas, was dich tief entspannt – und wiederhole deine Versuche so lange, bis sich erste Wahrnehmungen einstellen. Jeder hat die entsprechenden Kanäle in sich, manchmal sind diese Zugänge nur etwas verschüttet und verkümmert. Wir sind es oft nicht gewohnt, auf die kleinen, feinen Empfindungen zu achten, die sich ganz vorsichtig zeigen.

Reinige deine Aura und deine Chakras, indem du dich selbst komplett mit einer Reinigungsmischung räucherst.

Wenn es überhaupt nicht klappt, dann suche dir einen guten schamanischen Therapeuten vor Ort, der dir weiterhilft.

Die Heldenreise

Mancher wird erst mutig,
wenn er keinen anderen Ausweg mehr sieht.

William Cuthbert Faulkner,
US-amerikanischer Schriftsteller
(1897–1962)

Nun beginnen wir also unsere Heldenreise. Die Grundlagen haben wir gelegt, und nun werden wir uns Schritt für Schritt aus unserem derzeitigen Zustand der Unvollkommenheit, Krankheit und Trennung lösen, um wieder ganz und heil zu werden.

Bevor du startest

Überprüfe noch einmal, ob du alle notwendigen Vorbereitungen getroffen hast:

- Dein Heilungsritual hast du schon vorbereitet und dich damit vertraut gemacht.
- Du hast einen geschützten Raum, in dem du ungestört arbeiten kannst.
- Du hast dir dein Heldenreisejournal, eine Kerze und Räucherutensilien besorgt.
- Du hast passende Meditationsmusik oder schamanische Trommelmusik auf CD und einen CD-Player bereitgestellt.
- Du hast die bisherigen Übungen im Buch gemacht.

Bevor du deine Reise antrittst, überlege dir gut, wie viel Zeit du pro Tag für die Reise aufbringen kannst und willst. Es macht wenig Sinn, dich auf die Reise zu begeben, wenn schon feststeht, dass du die nächsten Wochen anderweitig voll eingespannt bist und keine Zeit zur Verfügung hast.

Empfehlung:

- Stecke dir einen klaren, festen Zeitrahmen.
- Täglich eine halbe Stunde für dich und deine Heldenreise solltest du mindestens aufwenden, je mehr, desto besser.
- Plane für jede der 12 Reiseetappen mindestens eine Woche ein.
- Für manche Etappen wirst du mehr Zeit brauchen, für andere, mit denen du kein Problem hast, vielleicht auch weniger.

- Nimm dir so viel Zeit, wie du brauchst, und setze dich keinesfalls unter Druck.
- Mache keine zu großen Zwischenpausen zwischen den einzelnen Etappen. Solange du nicht am Ziel angekommen bist, ist die Gefahr groß, dass du wieder in deine alten Muster zurückfällst und dann noch einmal von vorne beginnen musst.

Reiseetappe 1: die Bestandsaufnahme

Einfachheit stellt sich ein, wenn der Geist nicht mehr anhaftet, wenn er nichts mehr erreichen will, wenn er akzeptiert, was ist.

Jiddu Krishnamurti,
indischer Philosoph und Theosoph
(1895–1986)

Wollen wir etwas in unserem Leben verändern, müssen wir zunächst einmal akzeptieren, dass es etwas gibt, was uns krank, traurig oder wütend macht. Hier in dem entsprechenden Lebensbereich haben wir bisher nicht die Ergebnisse erzielt, die wir uns wünschen bzw. die unsere Seele sich als Entwicklungsergebnis für dieses Leben vorgenommen hat. Das bedeutet, dass wir radikal werden müssen – radikal ehrlich zu uns selbst. Es hilft uns definitiv nicht mehr weiter, wenn wir uns selbst belügen, etwas schönreden oder gar ignorieren und weiter wegschauen. Wir alle neigen dazu, dass wir uns unsere Schwächen, vermeintlichen Fehler und Defizite nicht eingestehen wollen und lieber so tun, als wäre alles in Ordnung. Wer gibt schon gerne zu, dass alle bisherigen Versuche der Veränderung gescheitert sind oder nur spärliche Ergebnisse hervorgebracht haben?

Diese Ehrlichkeit zu sich selbst hat nichts mit Schwäche zu tun. Es ist im Gegenteil ein Akt der Selbstliebe und inneren Stärke, endlich mit den Selbstlügen aufzuhören. Wenn unsere bisherigen Bemühungen nicht zu befriedigenden Ergebnissen geführt haben, dann werden sie das auch weiterhin nicht tun. Wir sind aufgefordert, genau hinzuschauen, uns selbst symbolisch in den Arm zu nehmen und in einem inneren Dialog zu akzeptieren, dass wir hier Defizite haben:

- Vielleicht sind es die falschen Ziele, die gar nicht zu uns gehören.
- Vielleicht versuchen wir nur, die Erwartungen anderer zu erfüllen, und leben so ein fremdbestimmtes, unerfülltes und krankmachendes Leben.
- Vielleicht fehlt uns einfach nur das Handwerkszeug, das wir benötigen, um zu unserem Seelenziel zu gelangen.
- Vielleicht waren wir bisher zu wenig zielorientiert und haben zu schnell aufgegeben oder uns ablenken lassen.

Der Ausgangspunkt deiner Reise

Bevor du weiterliest, nimm dir jetzt die Zeit, die du benötigst, und schreibe einen Brief an dich selbst. Schaffe dir dazu einen rituellen, entspannten Rahmen (Seite 65) und schütze dich. Du brauchst ansonsten nur dein Heldenreisejournal und einen Stift. Denke nicht weiter nach und versuche nicht, analytisch korrekt etwas auf dein Blatt zu schreiben. Der Brief ist nur für dich und darf genau so sein, wie du dich fühlst – chaotisch, ängstlich, krank, wütend … Schreibe einfach alles auf, was dir gerade in den Sinn kommt, ohne zu werten oder zu verurteilen. Wichtig ist nur, dass du ehrlich zu dir bist und deine Geschichte deine ganze ungeschminkte Wahrheit ausdrückt. Am Anfang deines Briefes benennst du klar deine Krankheit oder dein(e) Symptom(e).

Beispiel

Lara traute sich nicht, vor anderen Menschen zu ihren Meinungen und Überzeugungen zu stehen oder gar diese zu vertreten und dafür zu kämpfen. Das führte dazu, dass sie in ihrer Arbeit als Journalistin überhaupt nicht weiterkam. In allen Redaktionsrunden schwieg sie oder schloss sich der Meinung der Kollegen an, niemals wagte sie es, ihre eigenen Vorschläge und Vorstellungen zu verbalisieren. Das führte dazu, dass sie sich wie eine Außenseiterin fühlte, ihre Wut auf sich selbst immer größer wurde und sie schließlich an chronischer Gastritis erkrankte.

Laras Brief
Krankheit: Gastritis

Ich hasse mich dafür, dass ich so unfähig bin, meine Meinung zu sagen. Ich könnte heulen vor Wut. Warum bin ich nur so feige und habe so viel Angst? Niemand nimmt mich ernst, wahrscheinlich lachen alle über mich – die kleine graue Maus in der Redaktion. Sobald andere Menschen anwesend sind, werde ich unsicher, und ich fühle mich klein und unbedeutend. Ich habe schreckliche Angst davor, vor anderen zu sprechen. Bevor jemand merkt, wie unfähig ich bin, verstecke ich mich lieber. Am liebsten wäre ich unsichtbar oder eine kleine Maus, die sich in ihr Mauseloch verkriechen kann, Hauptsache, niemand sieht mich so, wie ich bin: unsicher, unbedeutend, hässlich, lächerlich, peinlich. Das darf keinesfalls irgendwer von meinen Kollegen erkennen, ansonsten kann ich nicht mehr weiter in der Firma arbeiten. Manchmal würde ich am liebsten sterben. Ich habe panische Angst, weil ich nicht glaube, dass ich dieses Problem jemals lösen kann. Vielleicht wäre es am besten, wenn meine Gastritis mich umbringt, dann wäre ich endlich erlöst von diesen Qualen. Wenn ich so etwas denke, dann werde ich gleichzeitig richtig wütend. In mir er-

wacht ein Teil, der mir noch mehr Angst macht. Wenn dieses Tier in mir ausbricht, dann raste ich wahrscheinlich komplett aus und schlage alles und jeden in meinem Umfeld kurz und klein.

Ja, ich erkenne an, dass ich hier ein Problem habe und dass ich bisher nichts unternommen habe, um mich dem zu stellen und es zu erlösen.

Ja, ich nehme mich jetzt selbst in den Arm und lasse auch diesen Teil da sein, gebe ihm Raum, damit er sich so zeigen darf, wie er ist.

Lara hatte keine Ahnung, wie sie ihr Problem jemals lösen sollte, aber zum ersten Mal gestand sie sich ehrlich ein, dass sie einen Teil in sich trug, der geradezu nach Erlösung und Transformation schrie und der jetzt endlich wahrgenommen und geachtet wurde.

Anerkennen, was ist

Mit dieser Art von Ehrlichkeit füttern wir nicht unsere Defizite oder geben ihnen noch mehr Energie. Wir erkennen nur an, dass es sie gibt. Gefüttert werden unsere vermeintlichen Fehler vor allem durch den Akt der Verdrängung und Verleugnung. Dadurch verschwindet keines unserer Probleme, wir verschieben sie nur aus dem Bewusstsein in unser Unterbewusstsein, und von hier aus wirken sie weiter. Die Energie, die wir in den Akt der Verdrängung stecken, nährt genau diesen Anteil im Unterbewusstsein immer weiter. Genauso ist es, wenn wir in einem ständigen Gedankenkarussell gefangen sind und wir andauernd um unser Problem kreisen. Auch damit füttern wir es. Solange wir nicht bereit sind, es anzuerkennen, es als einen wichtigen Teil von uns zu akzeptieren, der uns nur etwas lehren will, uns letztendlich im Leben und in unserer persönlichen Entwicklung weiterbringen will, arbeitet deren Energie zerstörerisch und destruktiv und schadet uns und unserer Gesundheit. Wir verschwenden unsere Energie in einem sinnlosen Kampf, den wir niemals gewinnen können, anstatt alle Kraft in den Lösungsweg zu stecken und nach konstruktiven Möglichkeiten des Wachsens zu suchen.

So ist die Lösung immer:

- Das Annehmen und Anerkennen dessen, was ist, egal ob uns das gefällt oder nicht.
- Die Fokussierung auf mögliche Lösungsansätze.
- Den besten Lösungsweg zu beschreiten – das beinhaltet am Ende das Loslassen unseres Problems und die Neuausrichtung auf unser neues, besseres, gesünderes und liebevolleres Ziel.

Wenn du deinen Brief geschrieben hast, dann lies ihn dir noch einmal in Ruhe durch und schau, ob du noch etwas ergänzen willst. Dieser Brief ist der Ausgangspunkt für deine eigene Heldenreise. Er stellt den Startpunkt dar, von dem aus du deine Reise beginnst.

Brief 2: das Ziel deiner Heldenreise

Für deine Reise brauchst du als Nächstes ein klares Ziel. Dazu schreibst du einen zweiten Brief auf der Grundlage deines ersten Briefes. Das mag sich für dich mühselig anfühlen, und vielleicht streikt dein innerer Boykotteur. Aber wenn du dir bereits hier noch vor deiner eigentlichen Reise zu wenig Zeit für dich nimmst und du dein Reiseziel nicht klar formulierst, dann hat deine Reise keine eindeutige Richtung und dein inneres System weiß nicht, wohin es all seine Energien lenken soll. Je klarer du weißt, was du willst, und das auch entsprechend schriftlich formulierst, desto klarer und zielgerichteter werden alle weiteren Schritte.

Nimm also deinen ersten Brief und formuliere jetzt deine Geschichte so positiv wie möglich um. Alle negativen Aussagen drehst du um, sodass sie sich für dich gut anfühlen und dir klar ist, dass du dorthin willst. Formuliere in der Ist-Form, also zum Beispiel »Ich bin gesund« und nicht »Ich wäre gerne gesund«. Das hat für unser Unterbewusstsein und unsere Seele viel mehr Kraft, und dein inneres System wird alles dafür tun, um genau diesen Zustand zu erreichen. Wer immer im »wäre, hätte und sollte« stecken bleibt, der verändert nichts und beginnt nicht zu handeln.

Wenn du hier zunächst Probleme hast, dann spiele mit deiner Fantasie und lass positive, kraftvolle Bilder in dir aufsteigen nach dem Motto: »So stehe ich im Leben und so wunderbar fühlt es sich an, wenn

- ich gesund bin.«
- ich mutig bin.«
- ich stark bin.«
- ich ein guter Redner bin.«
- ich mich zeige.«
- ich genug Geld für meine Arbeit verlange.«
- …

Es kann sein, dass zunächst deine Ängste, deine Unsicherheit, dein innerer Boykotteur Amok laufen. Nimm das wahr, aber bleib dabei, dir eine mögliche schöne, kraftvolle, positive, gesunde, liebevolle Zukunft hinter deinen jetzigen Problemen auszumalen.

Am Anfang deines Briefes schreibst du nur drei Worte:

Mein Ziel: Gesundheit

Laras zweiter Brief

Als Beispiel und Inspiration für dich hier Laras Zielbrief:

Mein Ziel: Gesundheit

Ich liebe mich dafür, dass ich immer und überall klar und deutlich meine Meinung sagen kann. Ich fühle mich dabei glücklich und bin stolz auf mich. Ich bin mutig und liebe mich selbst. Alle Menschen, mit denen ich etwas zu tun habe, nehmen mich ernst. Ich werde in der Redaktion wahrgenommen, meine Meinung ist gefragt und geschätzt. Wenn andere Menschen anwesend sind, bin ich innerlich ganz ruhig und souverän, und ich freue mich darauf, vor ihnen zu sprechen, da ich weiß, dass meine Meinung wichtig ist. Ich zeige mich immer so, wie ich bin, und stehe auch in schwierigen Situationen kraftvoll, liebevoll und mutig zu mir. Ich bin mir meiner selbst sicher, ich bin attraktiv und strahle diese Schönheit aus, und jeder spürt, dass ich mich selbst liebe. Ich liebe das Leben und freue mich jeden Tag erneut auf das, was der Tag an neuen, spannenden Abenteuern für mich bereithält. Ich liebe meine Arbeit und fühle mich in der Redaktion wohl. Ich bin gesund und topfit, meine Verdauung funktioniert perfekt. Ich bin voller Kraft und Energie und setze diese zum Wohle aller ein. In mir ist tiefer Frieden. Ich nehme mir genügend Zeit und Raum für mich und gehe in allen Lebenslagen liebevoll mit mir um.

Dein zweiter Brief

Nun bist du an der Reihe. Formuliere deinen Zielbrief klar, liebevoll und positiv und vermeide nach Möglichkeit die Verneinung von negativen Zuständen oder Verhaltensweisen (zum Beispiel anstelle von »Ich habe keine Angst mehr« »Ich bin mutig und stark«). Wichtig ist, dass der Brief – dein Ziel – für dich stimmig ist und du zu jeder einzelnen Aussage stehen kannst.

Wenn du auch diesen Brief fertig geschrieben hast, dann lies ihn dir nochmals durch und ergänze ihn bei Bedarf.

Falls du beim Schreiben oder Lesen ein komisches Gefühl hast und dir deine innere kritische Stimme einreden will, dass das doch alles nicht stimmig, nicht erreichbar usw. ist, dann nimm auch diesen Teil in dir wieder wahr, halte dich aber nicht daran fest und bleibe dabei: Du formulierst dein Ziel, und dir ist klar, dass das noch nicht der Jetzt-Zustand ist, aber du lässt dich auch nicht mehr davon abbringen. Du gehst Schritt für Schritt in deine gesunde, goldene, wundervolle Zukunft.

Nun hast du einen Ausgangspunkt und ein Ziel für deine Heldenreise und diese schriftlich formuliert. Diese beiden Briefe/Zettel benötigst du wie beschrieben für das Heilungsritual bei jeder weiteren Reiseetappe. Während der nächsten Tage, Wochen oder Monate, in denen du auf deiner Heldenreise bist, empfehle ich dir, dir täglich am Abend deine Erfolge in dein Heldenreisejournal aufzuschreiben. Das können Kleinigkeiten sein. Wenn du deinen Fokus darauf richtest, dann richtet sich auch dein System danach aus und wird dich immer mehr dabei unterstützen, deine Ziele zu erreichen. Probiere es aus, du wirst erstaunt sein, dass du selbst an den Tagen, die aus deiner subjektiven Sicht nicht so gut gelaufen sind, etwas findest, was positiv ist und einen Erfolg für dich darstellt:

- Ich habe heute meinem Kollegen aufmunternd zugelächelt, als er unsicher war.
- Ich bin trotz der Probleme in der Arbeit friedlich und ruhig geblieben.
- Ich bin mit dem Fahrrad zur Arbeit gefahren und habe damit etwas für meine Gesundheit getan.

Wichtig ist, dass wir auch alltägliche Dinge wieder wertschätzen und unseren Fokus mehr und mehr auf unsere Erfolge, schönen Begegnungen und Ereignisse lenken und nicht immer nur auf das, was nicht gut war. Wenn wir die Kontrolle unserem inneren Boykotteur überlassen, der Katastrophen liebt und aus jeder Kleinigkeit sofort Weltuntergangsszenarien entwirft, dann brauchen wir uns nicht zu wundern, wenn es uns nicht gut geht. Die Ausrichtung auf die Schattenseite des Lebens zieht diese unweigerlich an, die Ausrichtung auf die Sonnenseite dagegen verhilft uns zu dem Leben, das wir uns wünschen.

Zum Schluss dieser ersten Reiseetappe schreibe dir in einer kurzen positiv formulierten Affirmation die Essenz aus dieser ersten Reiseetappe auf, die für dich besonders wichtig ist und die dich weiter begleiten soll.

Reiseetappe 2: die Verbindung mit dem Herz und mit der Liebe

Sich selbst zu lieben
ist der Beginn einer lebenslangen Romanze.

Oscar Wilde,
irischer Schriftsteller
(1854–1900)

Unser Herz ist das Zentralorgan in unserem Blutkreislauf. Es pumpt beständig unser Blut durch unseren Körper, transportiert so alle notwendigen Stoffe zu den Zellen und alle Abfallstoffe von diesen weg, damit sie entsorgt werden können. Gleichzeitig ist unser Herz auf der energetischen Ebene der Bereich in uns, der uns mit der Liebe verbindet, mit der Selbstliebe, der Nächstenliebe und der universellen Liebe.

Unser Lebenssinn besteht auch darin, wieder gänzlich in die Liebe zu finden und entsprechend zu handeln. Dabei vergessen wir allzu oft den Menschen, der uns am nächsten steht – uns selbst. Selbstliebe ist die Basis. Wie sollen wir jemals einen anderen Menschen ehrlich lieben können, wenn wir uns selbst nicht wirklich lieben? Wenn wir schlecht mit uns selbst umgehen, Teile von uns ablehnen, uns permanent selbst in Gedanken niedermachen und uns maßregeln, uns selbst beleidigen und an unseren vermeintlichen Schwächen herumkritisieren, wieso erwarten wir dann von unserem Partner, unseren Freunden und unserer Familie, dass sie genau das nicht tun? Es widerspricht jeglicher Logik, dass uns andere uneingeschränkt lieben sollen, wir selbst uns aber ablehnen. Wenn wir behaupten, dass wir einen anderen Menschen – so wie er ist – uneingeschränkt lieben, aber gleichzeitig dieselben Schwächen, Fehler und negativen Eigenschaften und Merkmale dieses Menschen an uns selbst ablehnen, glaubt uns das niemand.

Der erste Schritt zu authentischer, erfüllender Nächstenliebe und schließlich zu einer universellen Liebe, die die ganze Schöpfung uneingeschränkt liebt, ist immer die Selbstliebe. Das heißt nicht, dass wir uns einfach mit allem, was uns an uns und unserem Verhalten oder Denken nicht passt, abfinden sollen. Der erste Schritt zur Veränderung ist aber immer das Annehmen und Anerkennen dessen, was ist.

Wo ist die Liebe?

»Liebe deinen Nächsten wie dich selbst«, steht in der Bibel und ist eines der grundlegenden Gesetze im christlichen Glauben. Werfen wir einen Blick in die Welt, so ist davon allerdings nicht viel zu spüren. Menschen und Völker bekämpfen und bekriegen sich, Hass, Neid und Missgunst sind allerorts vorhanden. Würden wir Menschen den Satz ernst nehmen, müssten wir uns eingestehen, dass Liebe als Grundprinzip unseres Lebens scheinbar nicht wirklich funktioniert bzw. oft nur von sehr kurzer Dauer ist. In Deutschland wird derzeit jede dritte Ehe geschieden. Was mit Schmetterlingen im Bauch und Herzklopfen begann, endet nur allzu oft in einem verbitterten, hasserfüllten Kampf vor dem Scheidungsrichter und hinterlässt tiefe Wunden bei allen Beteiligten. Aber warum tun wir uns so schwer, wirklich zu lieben, Liebe auf Dauer aufrechtzuerhalten? Warum verschwindet das Gefühl oft schon nach kurzer Zeit? Warum empfinden wir für viele Menschen auch in unserem nahen Umfeld und in unserer Familie oft gar keine Liebe, sondern verstricken uns in aussichtslose Grundsatzdiskussionen, beharren stur und rücksichtslos auf Meinungen und Standpunkten und verschließen unsere Herzen vor der Liebe?

Gerade in Familiensystemen ist oft von Liebe gar nichts mehr zu spüren. Wir geben unseren Eltern die Schuld für unsere Misere und sind hoffnungslos mit ihnen und unseren eigenen Kindern in einem Geflecht der Ablehnung und Schuldzuweisung verstrickt. Die ursprüngliche, im System vorhandene liebevolle Kraft wurde vielleicht schon vor Generationen unterbrochen, und keiner der beteiligten Menschen wuchs in einem Kraftfeld der bedingungslosen Liebe auf, sondern wurde mit oft gut gemeinten, aber wenig hilfreichen Ansprüchen und Erwartungshaltungen manipuliert.

Egoismus versus Selbstliebe

Ohne Selbstliebe kann es keine echte Nächstenliebe geben. In unserer Gesellschaft wird Selbstliebe nur allzu oft mit Egoismus verwechselt, obwohl beide überhaupt nichts miteinander zu tun haben. Egoismus entspringt einem Teil in unserer Seele und unserem Unterbewusstsein, der verletzt ist. Eine Seele, die hierher auf diese Welt kommt, um sich zu inkarnieren, trägt den göttlichen Funken der universellen, allumfassenden Liebe mit sich. Sie weiß um die Beschaffenheit des Universums und hat eine bestimmte Absicht, die sie hier auf der Welt verwirklichen will. In der materiellen Welt trifft diese Seele nun auf andere Energien, die ihrer Absicht entgegenstehen, und sie wird mit negativen menschlichen Gefühlen konfrontiert. So wird die Seele durch die Eltern, das Umfeld oder die Gesellschaft immer wieder verletzt und verliert langsam die Verbindung zur All-Liebe, die fortan zwar weiter in ihr abgespeichert, aber dem normalen Bewusstsein nicht mehr zugänglich ist. Aus den Verletzungen heraus und dem Gefühl der Trennung zur Liebe entsteht das Gefühl des Alleinseins und des Getrenntseins.

Um diesen Schmerz zu überwinden und nicht mehr spüren zu müssen, wird das Ego geboren, das fortan versucht, durch Ersatzstrategien wieder ein Gefühl der Verbundenheit herzustellen. Der innere Boykotteur wird zu seinem mächtigsten Verbündeten. Aber keine noch so ausgefeilte Ersatzstrategie kann wirklich erfolgreich sein. Der einzige Weg zur Überwindung der Trennung ist die Wiederherstellung der Verbindung zur ursprünglichen Quelle der Liebe. Wir können noch so viel Reichtum anhäufen, erfolgreiche Menschen kennen, Höchstleistungen vollbringen oder uns durch Suchtstoffe betäuben, andere Menschen manipulieren und ausbeuten, uns selbst größer und andere kleiner machen, es wird immer wieder die Leere in uns auftauchen, bis wir uns auf den Weg der Heilung machen und uns wieder verbinden mit dem Göttlichen in uns.

Echte Selbstliebe

Echte Selbstliebe basiert auf der Anbindung zu der sprudelnden Quelle in uns, die die Verbindung zu unserem wahren

Ursprung und damit zur universellen Liebe herstellt. Gleichzeitig ist ein offenes, mutiges Herz erforderlich, durch das wir erst in der Lage sind, echte Liebe zu spüren, zu erleben und weiterzugeben. Sind wir zu echter Selbstliebe fähig, dann hören wir automatisch auf, uns ständig klein, unvollkommen und nicht gut genug zu fühlen. Wir haben es auch nicht mehr nötig, besser als alle anderen sein zu müssen. Wir können den Konkurrenzkampf beenden und uns erlauben, einfach in Liebe mit uns selbst so sein zu dürfen, wie wir genau in diesem Moment sind – mit all unseren vermeintlichen Fehlern und Unzulänglichkeiten. Wir können uns selbst in den Arm nehmen und uns mit unseren körperlichen und geistigen Unzulänglichkeiten lieben. Was auch immer wir bisher nicht an uns mochten, darf jetzt hier sein, bekommt seinen Platz, und wir sind in Frieden und Liebe mit uns, ohne etwas bekämpfen oder ablehnen zu müssen. Das heißt nicht, dass wir uns mit allem abfinden müssen, was wir gerne anders hätten. Aber gerade im grundlegenden, liebevollen Annehmen anstatt im Bekämpfen schaffen wir erst die Voraussetzung zu echter, dauerhafter Veränderung. Wir müssen nicht mehr unsere Energie für einen sinnlosen Kampf mit unseren Unzulänglichkeiten in uns verschwenden, müssen keine Kraft mehr dafür aufwenden, völlig menschenverachtende Erwartungen von außen erfüllen zu müssen. Wir können uns auf unsere Stärken konzentrieren und diese fördern und ausbauen.

Selbstliebe beendet den täglichen Kampf mit uns selbst.

Sie öffnet den Weg zu unseren wahren Bedürfnissen und hilft uns dabei, unser ursprüngliches Gefühl für uns, unseren Körper, unseren Geist und unsere Seele wiederzufinden. So wird ein liebevoller Umgang mit uns möglich, und wir entwickeln Strategien für unser Leben, die uns wirklich nähren, unterstützen und fördern. Wir spüren, was uns wirklich guttut, wie viel Schlaf wir wirklich brauchen, welche Nahrung unseren Körper optimal versorgt und welches geistige Futter unser Verstand benötigt. Wir umgeben uns mit Menschen, die uns so lieben, wie wir sind, die ehrlich zu uns sind und uns nicht nur aus egoistischen Gründen Honig ums Maul schmieren. Wir nehmen uns Zeit für uns und schaffen uns das Leben, das wirklich und authentisch unseres ist. Wir sind frei und unabhängig von den Meinungen anderer und folgen der Weisheit in uns und der Stimme unseres Herzens.

Achtung und Wertschätzung

Wären wir alle in der Liebe und hätten ein offenes Herz, dann wären wir auch zu authentischer Achtung und Wertschätzung der Schöpfung fähig. Wir müssten nicht mehr andere Menschen abwerten und ihre Meinungen, Ansichten und Bedürfnisse missachten. Wir könnten allen anderen Wesen, auch den Tieren und Pflanzen, mit Wohlwollen begegnen und deren Anderssein respektieren. Wir müssten uns nicht mehr über andere stellen, um uns besser zu fühlen.

Mit der Heldenreise schaffen wir also auch die Voraussetzungen, um »auf derselben Augenhöhe« mit anderen Menschen und der Schöpfung zu kommunizieren. Weil wir wissen, wer wir sind, und uns selbst in unserem »Sosein« bedingungslos lieben, achten und respektieren, haben wir es schlicht und einfach nicht mehr nötig, besser sein zu müssen als die anderen. Wir steigen aus dem Konkurrenzdenken aus und folgen konsequent der Stimme unseres Herzens, weil wir es uns wert sind.

Verzeihen und vergeben

Leider ist unser Herz oftmals verschlossen, und wir empfinden keine Liebe. Stattdessen empfinden wir Angst, Hass, Wut oder Ablehnung. Wahrscheinlich wurden wir bereits als Kind immer wieder verletzt oder abgelehnt, vielleicht haben wir diese Themen mit in dieses Leben gebracht, vielleicht wurden wir immer wieder enttäuscht, als wir uns anderen Menschen oder der Welt in Liebe öffnen wollten. Um nicht noch weiter verletzt zu werden und um diesen Schmerz nicht weiter spüren zu müssen, der uns schier unerträglich erschien, haben wir irgendwann dichtgemacht, uns von der Liebe in uns getrennt und Angst, Groll, Wut, Ablehnung usw. darübergepackt. Die Liebe ist allerdings deswegen nicht verschwunden. Die gute Nachricht ist, dass wir uns diese nicht erarbeiten oder verdienen müssen. Die Liebe ist das Grundprinzip und die grundlegende Energie, die hinter allem steht, und sie ist auch in uns immer da, auch wenn wir den Zugang dazu verloren haben.

Der wichtigste Schlüssel, um den Zugang zur Liebe wiederzufinden, ist das Verzeihen und Vergeben. Wir sind aufgefordert, allen Menschen zu verzeihen, die uns etwas angetan haben, und gleichzeitig geht es darum, alle Menschen und Wesen, die wir verletzt haben, um Verzeihung zu bitten. Dabei ist es essenziell, dass wir uns selbst nicht vergessen. Natürlich müssen wir auch uns selbst verzeihen.

Solange wir nicht verzeihen und vergeben, bleiben wir in den negativen Energien gebunden, und wir haben keinen Platz in unserem Herz für die Liebe, die fließen will.

Die Praxis der Selbstliebe

Achte während der Zeit, in der du dich mit der Selbstliebe beschäftigst, ganz besonders darauf, wie du mit dir selbst in deinem Alltag umgehst, und mache dir auch dazu entsprechende Notizen:

- Nimmst du dir Zeit für dich selbst?
- Achtest du auf deine Bedürfnisse, Sehnsüchte und Wünsche?
- Kümmerst du dich genügend um dich selbst?
- Kannst du auch mal ohne schlechtes Gewissen »Nein« sagen?
- Bist du mit deiner Aufmerksamkeit im »Hier und Jetzt« und kannst jeden Moment genießen?
- Oder grübelst du mehr über die Vergangenheit und machst dir Sorgen über das, was kommen wird?
- Fühlst du dich innerlich eher klein oder traust du dich, deine wahre Größe zu leben?
- Traust du dich, der strahlende Mensch zu sein, der du wirklich bist?
- Bist du es dir wirklich wert, in Frieden mit dir und der Welt zu leben?
- Traust du dich, mit offenem Herzen durch das Leben zu gehen?
- Spürst du die Liebe zu dir selbst?
- Kannst du andere um Verzeihung bitten?
- Kannst du dir selbst und anderen verzeihen und vergeben?

Schreibe einfach alle Antworten und Gedanken in dein Heldenreisejournal auf, ohne gleich zu werten oder dich zu verurteilen.

Was magst du an dir?

Nimm dir jetzt Zeit, gehe in deinen geschützten Raum und schaffe dir deinen rituellen Rahmen. Auch das gehört zur Selbstliebe: dir Zeit zu nehmen für dich selbst und für das, was dir wirklich wichtig ist. Nochmals, weil wir es gar nicht oft genug betonen können: Selbstliebe hat nichts mit Egoismus zu tun, sondern ist eine grundlegende Notwendigkeit. Selbstliebe ist die Basis für ein glückliches, authentisches Leben.

Nimm dein Heldenreisejournal zur Hand und schreibe dann ganz ehrlich zunächst eine Liste mit jeweils mindestens zehn Punkten zu folgenden Fragen:

Was mag ich an mir? Was mag ich an mir nicht?

Manche Menschen haben überhaupt kein Problem, schnell zehn Punkte zu finden, die sie an sich nicht mögen. Umso schwieriger erscheint es, zehn Eigenschaften und Punkte zu finden, die man an sich mag.

Das Heilungsritual

Mache jetzt das Heilungsritual und nimm auch alle Punkte mit, die du an dir nicht magst und mit denen du nicht in der

Liebe bist. Wenn du mit deinem Ritual fertig bist, dann nimm dir noch einmal Zeit und spüre dich in dein Herz:

- Kannst du die Liebe in dir spüren?
- Ist dein Herz offen und strahlst du die Liebe in dir hinaus, sodass sie sich mit der Schöpfung verbindet?

Wiederhole das Heilungsritual immer wieder, bis du ein echtes, authentisches Gefühl der Selbstliebe in dir spürst, bevor du die nächste Übung beginnst.

Deine Liebeserklärung an dich selbst

Nun ist es an der Zeit, ein klares Statement für dich selbst abzugeben. Dafür schreibst du dir selbst einen Liebesbrief. Keine Kritik mehr, kein Zweifel, kein Zaudern.

Sicherlich warst du irgendwann schon einmal verliebt und erinnerst dich daran, wie du auf einer rosaroten Wolke geschwebt bist und glaubtest, die ganze Welt gehöre dir. Wenn du Kinder hast, dann kennst du wahrscheinlich auch das Gefühl von uneingeschränkter, bedingungsloser Liebe. Erinnere dich einfach: Du hattest ein offenes Herz und warst uneingeschränkt glücklich. Offensichtliche Fehler und Schwächen haben dich nicht gestört. Genauso machst du es jetzt mit dir selbst.

Nimm dir für deinen Liebesbrief an dich selbst genügend Zeit, in der du ungestört bist. Sorge für eine ruhige, entspannte

Atmosphäre. Zünde eine Kerze an, und wenn du magst, dann räuchere mit einer Räuchermischung, die du als angenehm empfindest. Lass deine Meditationsmusik oder die schamanische Trommel im Hintergrund laufen.

Schreibe jetzt einfach einen Liebesbrief an dich selbst. Denke beim Schreiben nicht groß nach und mache dich nicht klein. Fange nicht zu grübeln an, sondern verbinde dich mit deinem Herz, öffne dich für die Selbstliebe, und von dieser Position aus schreibe den Brief. Es ist nicht wichtig, wie lang oder kurz der Brief wird. Wichtig ist nur, dass er aus der Liebe kommt. Ein einziger Satz aus tiefstem Herzen: »Ich liebe mich so, wie ich bin«, ist wesentlich besser als ein Roman, in dem du dich nur selbst betrügst.

Wenn du fertig bist, lies den Brief noch einmal durch. Bewahre ihn wie einen kostbaren Schatz auf und nimm ihn immer wieder zur Hand, lies ihn und erfreue dich an deiner eigenen Liebeserklärung.

Falls es dir immer noch schwerfällt, dir selbst eine Liebeserklärung zu machen, dann mache erneut das Heilungsritual, unmittelbar bevor du mit dem Schreiben beginnst.

Zum Schluss schreibe dir in einer kurzen, positiv formulierten Affirmation die Essenz aus dieser zweiten Reiseetappe auf, die für dich besonders wichtig ist und die dich weiter begleiten soll.

Reiseetappe 3: unser Kopfhirn, Herzhirn und Bauchhirn verbinden

**Es gibt zwei gleichermaßen gefährliche Extreme:
den Verstand abzuschalten
und ausschließlich den Verstand zu benutzen.**

Blaise Pascal,
französischer Mathematiker, Physiker, Literat
und christlicher Philosoph
(1623–1662)

In unserer modernen, wissenschaftlich orientierten Welt überbewerten wir einerseits den Verstand – wobei wir mit Verstand meist nur das rationale, logische, vernunftbetonte Denken meinen – und werten alles andere, das Fühlen, Träume, die Fantasie, die Intuition, die Bauchstimme, die Stimme unseres Herzens usw., ab oder hören nicht darauf.

Andererseits scheinen wir oft zu vergessen, dass wir überhaupt einen Verstand haben. Wir gehen mit uns selbst, mit den Mitmenschen und anderen Geschöpfen und mit der Welt überhaupt nicht logisch oder vernünftig um, sondern handeln irrational und unvernünftig auf eine Art und Weise, die dazu geführt hat, dass wir uns unsere eigenen gesunden Lebensgrundlagen immer weiter und schneller zerstören.

Unsere inneren Weisheitsinstanzen

Die meisten Menschen haben völlig vergessen, dass es auch andere Möglichkeiten gibt, die Welt wahrzunehmen und Entscheidungen zu treffen, als nur über den Verstand. Neben dem Kopfhirn tragen wir zwei weitere Instanzen in uns, aus denen heraus wir agieren können: unser Bauchhirn und unser Herzhirn.

- Das Kopfhirn besteht aus der rechten und der linken Gehirnhälfte. Die linke Gehirnhälfte ist hauptsächlich für rationales Denken, für Sprache, Analyse und Logik sowie für mathematische Prozesse verantwortlich. Die rechte Gehirnhälfte steuert mehr die Intuition, die Kreativität und die Gefühle. Hier finden wir die Sprache der Kunst, der Bilder, Symbole und Melodien.
- Durch das Herzhirn sind wir zu echtem Mitgefühl fähig. Unser Herz ist aus spiritueller Sicht der Ort, an dem wir eine Verbindung herstellen können zur universellen, selbstlosen Liebe, zur Nächstenliebe und zur Selbstliebe. Hier

brennt auch das Feuer, das uns in Kontakt mit unseren tiefsten Wünschen und Sehnsüchten bringt.
- Das Bauchhirn ist eng verknüpft mit unserer inneren Stimme, unserer Seelenweisheit und unserer tiefsten Intuition.

Erst im Zusammenspiel zwischen diesen drei Bereichen erwachsen Entscheidungen, die mit unserer inneren Weisheit verknüpft sind und die uns in ein stabiles Gleichgewicht bringen.

Viele Menschen nutzen vorwiegend die linke Gehirnhälfte und treffen Entscheidungen logisch und rational. Aus der Sicht der Seele, die sich entwickeln will und nach Einheit, Ganzheit und Erleuchtung strebt, sind diese Entscheidungen aber immer unvollkommen, bruchstückhaft und oft auch nicht hilfreich, um uns so zu verwirklichen, wie wir es uns aus Seelensicht für dieses Leben vorgenommen haben. Unser Ziel ist es, die drei Weisheitsinstanzen wieder miteinander zu verbinden und den Energiefluss so herzustellen, dass sie gemeinsam zu unserem Wohl und zum Wohl der ganzen Schöpfung arbeiten können. Dazu bedarf es noch einer weiteren Verbindung zu den wichtigsten übergeordneten Kräften, die uns im Leben begleiten – mit der Kraft und Weisheit von Mutter Erde und Vater Sonne. Damit verbinden wir unsere eigene innere Weisheit mit der kosmischen Weisheit.

Verbindung statt Trennung

Es geht also hier darum, auch auf der Ebene der Weisheitsinstanzen Verbindungen wiederherzustellen und Trennungen zu überwinden.

Nehmen wir einen Baum als Gleichnis. Genauso wie der Baum stehen wir zwischen dem Himmel und der Erde. Der Baum besteht aus drei Teilen: den Wurzeln, dem Stamm und der Baumkrone. Über die Wurzeln ist er gut geerdet und verwurzelt. Sie verleihen ihm einerseits Standsicherheit, und gleichzeitig fließen alle nötigen Nährstoffe und das Wasser der Erde in den Baum. Die Krone öffnet sich nach oben hin zum Himmel und zur Sonne. Über sie wird die Lichtenergie aufgenommen und transformiert und Kohlendioxid in Sauerstoff umgewandelt. Der Stamm schließlich verbindet Oben und Unten und sorgt für einen Austausch zwischen den Erdkräften und den Himmelskräften.

Mutter Erde, der urweibliche Pol, ist unten, und Vater Sonne, der urmännliche Pol, ist oben. Wir Menschen sind aufgefordert, uns in den Dienst der Weisheit zu stellen. Als verbindendes Element können wir die übergeordneten Weisheitskräfte des Männlichen (Sonne, Oben, Universum) und Weiblichen (Erde, Unten, Materie) in uns vereinen. Dazu bedarf es der Verbindung der drei Weisheitsinstanzen in uns. In unserem spirituellen Zentrum der Liebe, also in unserem Herz, treffen diese dann aufeinander, vereinen sich, und wenn wir ein offenes Herz haben, werden wir zu Botschaftern sowohl unserer eigenen als auch der kosmischen Weisheit. Damit stellen wir uns in den Dienst von etwas, das viel größer ist als wir selbst. Durch diese Verbindungen entsteht in uns eine völlig neue Form von Klarheit und innerer Weisheit, die es uns ermöglicht, die Welt aus einem gänzlich neuen, multidimensionalen Blickwinkel wahrzunehmen und entsprechend klar, liebevoll und gleichzeitig gefühlvoll und intuitiv zu handeln.

Es kann aber auch sein, dass die Verbindungen hergestellt sind, wir aber überhaupt nicht mehr unterscheiden können, ob wir gerade im Kopf, im Herz oder im Bauch sind, und wir anstelle von Klarheit und Einheit nur Chaos verspüren und unterschiedlichste Gedanken, Intuitionen und Gefühle durcheinanderwirbeln. Hier ist meist unser innerer Boykotteur am Werk, der versucht, Chaos zu stiften und uns abzulenken. Dann hilft nur wieder Konsequenz und Fokussierung und ein klares, deutliches Wort zum Boykotteur.

Gehe zunächst zu deinem Herz und spüre dich hinein und verbinde dich mit der Liebe. Dann gehe zu deinem Bauchhirn und spüre dich dort hinein. Hier geht es um die Wahrheit deiner Seele. Dann gehe zum Kopfhirn, lausche dem dienenden Teil, der dir ohne Angst und Verwirrung klare Gedanken schickt, wie du deine Wahrheit am besten in Verbindung mit der Liebe leben kannst. Achte dann auf deine Gefühle. Wenn sich ein schönes, warmes Gefühl, Freude, positive Erwartung usw. einstellt, dann bist du auf dem richtigen Weg.

Die Praxis zum Kopfhirn

Beantworte schriftlich die folgenden Fragen zu deinem Umgang mit deinem Kopfhirn. Schreibe dir einfach auf, was dir dazu aus deinem persönlichen Leben einfällt, ohne groß darüber nachzudenken oder gar zu werten:

- Welche Hirnhälfte benutzt du vorwiegend?
- Bist du eher ein rationaler oder eher ein emotionaler Mensch?
- Empfindest du dein rationales und analytisches Denken mit deiner Intuition und Kreativität im Ausgleich und fühlst du dich wohl, so wie es ist?
- Hast du das Bedürfnis, etwas zu verändern oder mehr die eine oder andere Hirnhälfte zu stärken?
- Vermisst du dabei etwas in deinem Leben?

Sinn der Übung ist es, dass du ein Gefühl dafür bekommst, inwieweit du deine rechte und linke Hirnhälfte nutzt und ob du in einem Gleichgewicht zwischen den beiden bist. Überlege dir auch, was du verändern kannst oder willst und welche Konsequenzen das für dich hätte.

Die Praxis zum Herzhirn

Beantworte schriftlich die folgenden Fragen zu deinem Umgang mit deinem Herzhirn. Achte ganz besonders darauf, wie du mit dir, deinem Herz und der Stimme der Liebe aus deinem Herz umgehst:

- Hörst du auf dein Herz?
- Kannst du die Stimme deines Herzens überhaupt wahrnehmen?
- Gibst du der Liebe genügend Raum in deinem Leben – der Selbstliebe, der Nächstenliebe und der bedingungslosen Liebe?
- Drückst du die Energie der Liebe in deinem Alltag aus?
- Ist dein Herz offen oder verschlossen?
- Gibst du eher der Angst vor dem Leben Raum oder bist du offen für das Leben?
- Liebst du dein Leben und deinen Alltag oder gibt es Bereiche, die du ablehnst und in denen du dich verschließt?
- Traust du dich, offen zu den Gefühlen deines Herzens zu stehen?
- Hast du auf der Körperebene Herzsymptome und siehst du einen Zusammenhang zum Thema Liebe?
- Bist du es dir wert, in der Liebe zu dir, zur Welt und zu allen Mitgeschöpfen zu leben?

Sinn der Übung ist es, dass du ein Gefühl dafür bekommst, inwieweit du die Stimme deines Herzens wahrnimmst und ihr folgst. Überlege dir auch, was du verändern kannst oder willst und welche Konsequenzen das für dich hätte.

Die Praxis zum Bauchhirn

Beantworte schriftlich die folgenden Fragen zu deinem Umgang mit deinem Bauchhirn. Achte ganz besonders darauf, wie du mit dir, deinem Bauchgefühl, deiner tiefsten Intuition und der Stimme deiner Seele umgehst:

- Hörst du auf dein Bauchgefühl?
- Kannst du diese innere Stimme bzw. dieses Gefühl überhaupt wahrnehmen?
- Verlässt du dich in deinem Alltag auf dein Bauchgefühl?
- Drückst du diese Energie in deinem Alltag aus?
- Hast du einen Zugang zur Weisheit deiner Seele?
- Spürst du eine Verbindung zwischen deinem Bauchhirn, Herzhirn und Kopfhirn?

Sinn der Übung ist es, dass du ein Gefühl dafür bekommst, inwieweit du dein Bauchgefühl wahrnimmst und ihm folgst. Überlege dir auch, was du verändern kannst oder willst und welche Konsequenzen das für dich hätte.

Das Heilungsritual

Mache jetzt das Heilungsritual und nimm auch alle Punkte mit, die deine Weisheitsinstanzen blockieren und die Verbindung zwischen deinen Weisheitsinstanzen behindern. Wenn du mit deinem Ritual fertig bist, dann nimm dir noch einmal Zeit und gehe mit deiner Aufmerksamkeit zu deinen Weisheitsinstanzen:

- Sind deine Weisheitsinstanzen frei und kannst du mit ihnen uneingeschränkt arbeiten?
- Kannst du die Verbindungen in dir spüren?

Wiederhole das Heilungsritual immer wieder, bis die Verbindungen und Zugänge frei und unbelastet sind, bevor du die nächste Übung beginnst.

Zum Schluss schreibe dir in einer kurzen positiv formulierten Affirmation die Essenz aus dieser dritten Reiseetappe auf, die für dich besonders wichtig ist und die dich weiter begleiten soll.

Reiseetappe 4: die Felder der Kraft aktivieren

»Es bleibt einem jeden immer noch so viel Kraft, das auszuführen, wovon er überzeugt ist.«
Johann Wolfgang von Goethe, deutscher Dichter (1749–1832)

Wenn wir uns schwach fühlen und glauben, wir könnten »es nicht schaffen«, wie sollen wir es dann schaffen? Um etwas in unserem Leben zu verändern, brauchen wir neben dem unerschütterlichen Glauben, dass es möglich ist, und den entsprechenden notwendigen Ressourcen – Wissen, Fähigkeiten, Pläne … – genügend Kraft und Durchhaltevermögen, um unser Ziel zu erreichen. Bevor wir uns mit den einzelnen Kraftquellen beschäftigen, beantworte zunächst folgende Fragen:

- Wie gehst du mit der dir zur Verfügung stehenden Kraft und Stärke um?
- Freust du dich auf die Herausforderungen des Alltags, setzt

du deine persönliche Kraft sinnvoll ein, ohne dich dabei zu verausgaben? Machst du genügend Pausen und gönnst du dir genug Zeit zur Regeneration und Erholung?

- Oder gehörst du zu den Menschen, die sich ständig überfordern und ihre persönlichen Ressourcen immer wieder bis zum Rande der Erschöpfung in Anspruch nehmen?
- Hast du das Gefühl, von den Anforderungen deines Alltags und des Lebens ständig überfordert zu sein?
- Neigst du dazu, zu früh aufzugeben, oder kannst du auch Durststrecken aushalten und durchhalten?
- In welchen Lebensbereichen fühlst du dich stark?
- In welchen Lebensbereichen fühlst du dich schwach?
- Ziehst du immer wieder Situationen und Menschen in dein Leben, die dich schwächen und dir die Kraft rauben?
- Neigst du dazu, alles selbst zu machen?
- Oder kannst du dir problemlos Hilfe und Unterstützung holen?

All das hat etwas mit den uns innewohnenden Kraftquellen und mit unserem Umgang damit zu tun. Die meisten Menschen in unserem westlichen Kulturkreis glauben nur an ihre eigene Kraft und Stärke. Dabei ist ihnen überhaupt nicht bewusst, dass es unterschiedliche Kraftquellen in uns gibt, die uns einfach zur Verfügung stehen würden, wenn wir sie nur wahrnehmen und aktivieren würden.

Die innerseelischen Kraftfelder

Innerseelisch stehen uns drei große Kraftfelder zur Verfügung:

- Der Quell des Lebens, der uns mit der Urkraft der Schöpfung verbindet.
- Der Ort der Kraft, der uns mit unserer persönlichen, individuellen Kraft verbindet und der gleichzeitig die Verbindung zu den Kraftfeldern der Erde herstellt.
- Der Fels der Ahnen, über den uns die Kraft unserer Ahnen den Rücken stärkt und uns mit der Kraft, Weisheit und Liebe unserer Herkunftsfamilie verbindet. Das morphische Feld der Ahnen kreiert also einerseits unsere Ahnenseele (Seite 23) und trägt andererseits auch zu unserer innerseelischen Kraft bei.

Jede dieser drei Quellen in uns trägt zu jeweils 33 Prozent zu der uns zur Verfügung stehenden Kraft bei. Je nachdem, wie diese drei Kraftquellen in uns im freien Fluss sind, steht uns auch das Optimum an Kraft zur Verfügung. Je blockierter diese Quellen in uns sind, desto schlechter ist der Energiefluss in uns und desto weniger Kraft haben wir. Ist eine dieser Quellen ganz oder teilweise blockiert, führt das automatisch dazu, dass die anderen beiden umso mehr Energie aufwenden müssen und dementsprechend wesentlich längere Erholungsphasen brauchen, um sich nicht zu erschöpfen.

Der Quell des Lebens

Der Quell des Lebens macht 33 Prozent der uns zur Verfügung stehenden Kraft und Energie aus. Er verbindet uns mit der Urkraft der Schöpfung. Über ihn sind wir mit dem Kraftfeld unserer wahren Heimat verbunden.

Er schenkt uns das grundlegende Urvertrauen in das Leben.

Je schlechter die Anbindung an den Quell des Lebens oder je blockierter dieser ist, desto weniger Vertrauen ins Leben ist vorhanden. Wir sind skeptisch, misstrauisch, vertrauen niemandem und empfinden das Leben und die Erde als einen feindlichen, nicht vertrauenswürdigen Ort.

Er versorgt alle Ebenen unseres Seins (Körper, Geist, Seele, Herz, Körperzellen, Energiesystem …) mit der Energie des Universums und des Schöpfers.

Alles ist mit allem verbunden, und so sind auch alle Ebenen unseres Seins mit dem Quell des Lebens verbunden und werden davon gespeist, wodurch wir auf allen Ebenen Vertrauen erleben können.

Viele Stammeskulturen lehren uns in ihren Schöpfungsmythen Geschichten, in denen die Trennung von Gott und den Menschen, wie wir sie im christlichen Glauben mit der Vertreibung aus dem Paradies kennen, nicht vorkommt. So gehen auch viele spirituelle Lehren davon aus, dass die Trennung von Mensch und Gott bzw. von Mensch und Paradies nur eine

Illusion, ein Traum ist, aus dem es gilt zu erwachen. Wir würden unsere Ängste, Zweifel, unsere Gefühle des Allein- und Verlassenseins als Irrtum erkennen und würden uns selbst wieder verbunden und eingebunden in das große Ganze wahrnehmen, so wie es auch die Indianer Nordamerikas immer gelehrt haben.

Wir sind Teil des großen Ganzen

Wir alle tragen die Quelle in uns, die es uns ermöglicht, uns als Teil eines großen Ganzen wahrzunehmen, und die uns mit der Urkraft des schöpferischen Universums verbindet. Dieser »Quell des Lebens« verbindet uns mit der grenzenlosen, universellen Urkraft, die aus der mysteriösen Quelle des Ursprungs dieses Universums gespeist wird. Sie enthält sowohl die gigantische, unvorstellbare Energie und Kraft des Urknalls als auch die unbegrenzte Weisheit und Liebe Gottes. Durch sie sind wir verbunden mit der Fähigkeit, im Paradies zu leben bzw. die Erde als Paradies wahrzunehmen. Sie schenkt uns grenzenloses Urvertrauen in das Leben und lässt uns an der bedingungslosen Liebe Gottes teilhaben.

Blockaden des »Quells des Lebens«

Bei vielen Menschen ist diese Verbindung zu ihrer eigenen Quelle des Lebens blockiert, unterbrochen oder nur schwach verfügbar. Daraus resultiert wiederum eine ganze Reihe von Problemen:

- Wir fühlen uns nicht wohl im Leben.
- Wir fühlen uns nicht geborgen.
- Wir fühlen uns eher getrennt und isoliert.
- Wir haben kein Vertrauen in das Leben.
- Wir empfinden dieses Universum als einen kalten, lieblosen Ort, vielleicht ohne Sinn und Zweck.
- Wir sind misstrauisch, wir zweifeln und zaudern.
- Wir haben das Gefühl, dass etwas Grundlegendes in unserem Leben fehlt.

Die Praxis zum »Quell des Lebens«

Beantworte schriftlich die folgenden Fragen zu deinem Umgang mit deinem Quell des Lebens. Schreibe dir einfach auf, was dir dazu in den Sinn kommt, ohne groß darüber nachzudenken oder gar zu werten:

- Wie ist deine grundlegende Einstellung zum Leben?
- Lebst du aus einem Gefühl des grundlegenden Vertrauens in das Leben?

- Oder bist du dem Leben gegenüber eher misstrauisch?
- Fühlst du dich grundlegend verbunden mit deinem Umfeld, der Welt und der ganzen Schöpfung?
- Oder fühlst du dich eher getrennt und nicht verbunden, vielleicht sogar alleine und isoliert?
- Bist du eher der Skeptiker, Zauderer und Pessimist?
- Oder bist du eher der Zuversichtliche, der Anpackende und Optimist?
- Fühlst du dich mit dem Quell des Lebens als die Urquelle deines Seins verbunden und von ihm begleitet?

Sinn der Übung ist es, ein Gefühl dafür zu entwickeln, ob du überhaupt mit der Urquelle verbunden bist, ob diese in ihrer ganzen Kraft fließt und sich in allen Lebensbereichen kraftvoll ausdrückt. Überlege dir auch, was du verändern kannst oder willst und welche Konsequenzen das für dich hätte.

Die persönliche Kraftquelle

So wie der Quell des Lebens uns mit der universellen Kraftquelle der menschlichen Herkunft verbindet, so gibt es auch einen Ort in uns und unserer Seele, der uns mit unserer persönlichen Kraft und Stärke verbindet. Dieser »Ort der Kraft«, der unsere eigenen inneren Kraftressourcen symbolisiert, macht ebenfalls 33 Prozent der uns zur Verfügung stehenden Kraft und Energie aus. Gäbe es diesen Ort in uns nicht, so gäbe es für uns keine Möglichkeit, unsere persönlichen Ressourcen und Energien zu erneuern und aufzuladen. So sind wir in der Lage, die Herausforderungen des Alltags immer wieder zu meistern.

Die Herausforderungen des Alltags

Wir leben in einer Gesellschaft, die als eines der obersten Ziele die Leistung gestellt hat. Nur wer an dem Spiel des ständigen »mehr leisten, noch besser werden, von allem immer noch mehr, immer höhere Ziele erreichen« erfolgreich teilnimmt, ist anerkannt und ein wertvolles Mitglied dieses Systems, in dem nur Stärke zählt und Schwäche immer noch als ein Makel empfunden wird. Auch das Deckmäntelchen der sozialen Solidargemeinschaft kann nicht darüber hinwegtäuschen, dass hier keine Rücksicht auf Schwächere genommen wird. Immer mehr Menschen scheitern an diesem menschenverachtenden System, das keine Rücksicht auf die individuellen Möglichkeiten des Einzelnen nimmt. So nehmen Erkrankungen wie ständige Erschöpfung, das Müdigkeitssyndrom und Burn-out in erschreckendem Maße ständig zu und zwingen immer mehr Menschen dazu, ihr bisheriges Leben und ihren Umgang mit ihrer Kraft zu überdenken.

Unser Ort der Kraft verbindet und versorgt alle Ebenen unseres Seins (Körper, Geist, Seele, Herz, Körperzellen, Energiesystem ...) mit der uns innewohnenden Kraft, Energie und Stärke. Er verbindet uns mit der Kraft von Mutter Erde und gibt uns die Möglichkeit, uns mit den Kraftplätzen in der Natur zu verbinden und uns aufzuladen.

Das Spiel der Kräfte

Das ganze Leben findet in einem ständigen Wechselspiel der Kräfte statt. Alles Leben auf der Erde ist darin eingebunden und ein Teil dieses göttlichen Ringens und der Rhythmen der Anspannung und Entspannung. Im Laufe der Evolution haben sich alle Lebewesen an die vorherrschenden Kräfte auf der Erde optimal angepasst. Frühere Generationen wussten genau, welche Erdkräfte und Plätze energiespendend sind und welche eher energieraubend. Man spricht auch von aufladenden und abladenden Plätzen. Je nach der Natur der jeweiligen Lebewesen bevorzugen diese die einen oder anderen Orte. So sind Katzen sogenannte Strahlensucher. Sie bevorzugen Plätze mit hochenergetischen, strahlungsintensiven Energien. Hunde und auch wir Menschen gehören dagegen zu den Strahlenflüchtern.

Gute Plätze für uns Menschen

Wir bevorzugen eher neutrale Orte für den dauernden Aufenthalt. Leider ist uns heute dieses Wissen um die Energien der Erde weitgehend verloren gegangen. Viele Menschen leben auf Plätzen, die ihnen langfristig nicht guttun und zu einer massiven Schwächung ihres eigenen Energiesystems und ihrer Kraft führen können. Sowohl für die körperliche als auch die seelische und geistige Regeneration ist es notwendig, sich in geeigneten Erdenergiefeldern zu bewegen. Ein Zuviel oder Zuwenig führt bald zu Erschöpfungserscheinungen. Da unser innerseelischer Ort der Kraft in direkter Verbindung zu den Erdkräften steht, in denen wir uns bewegen, müssen die anderen Kraftquellen in uns dieses Ungleichgewicht ausgleichen, damit wir dauerhaft stabil bleiben können.

Wenn du also die Vermutung hast, dass deine Ruhe- und Erholungsplätze dir nicht guttun und du keine Erholung findest, dann lass diese Plätze von einem erfahrenen Schamanen oder Rutengänger untersuchen. Dann kannst du geeignete Maßnahmen treffen, um eine Harmonisierung zu erreichen.

Die Verbindung zum Feuerelement

Unser Ort der Kraft nährt die Energie des Elementes Feuer in uns. Dieses innerseelische Feuer steht in Verbindung zu unserem Ort der Kraft und beide bedingen sich wechselseitig in ihrer Stärke. Ist einer geschwächt, ist auch der andere geschwächt. Daraus resultiert unsere ganz eigene Dynamik und Lebenskraft.

Blockaden des Ortes der Kraft

Ist unser innerer Ort der Kraft blockiert, unterbrochen oder nur schwach verfügbar, dann resultieren daraus wiederum eine ganze Reihe von Problemen:

- Wir haben zu wenig Energie zur Verfügung.
- Uns geht schnell die Kraft aus.
- Wir sind schnell müde und schlapp.
- Wir fühlen uns schwach und hilflos.
- Krankheitsbilder wie Burn-out, Erschöpfungssyndrom, Müdigkeitssyndrom oder ständige Tagesmüdigkeit begleiten uns.
- Wir können uns nicht richtig durchsetzen, andere treffen die Entscheidungen für uns, und wir können uns mit unseren Ideen und Absichten nicht richtig einbringen.
- Wir können uns nicht richtig erholen, aber ohne Erholungsphase ist Erschöpfung und ein Zusammenbruch mittel- bis langfristig vorprogrammiert.
- Wir bekommen keinen richtigen Kontakt zur Kraft der Erde, und damit sind wir nicht geerdet, schweben eher und

haben keinen Halt. Dadurch besteht die Gefahr, »abzuheben und abzudrehen«.

Die Praxis zum Ort der Kraft

Beantworte schriftlich die folgenden Fragen zu deinem Umgang mit deinem Ort der Kraft. Schreibe dir einfach auf, was dir dazu in den Sinn kommt, ohne groß darüber nachzudenken oder gar zu werten:

- Fühlst du dich eher kraftvoll oder kraftlos?
- Fühlst du dich von den Anforderungen des Alltags schnell überfordert?
- Hast du immer genügend eigene Kraft zur Verfügung?
- Gönnst du dir genügend Ruhepausen?
- Gibst du dir und deinem Körper alles Nötige (gesundes Essen, Trinken, genügend Schlaf, Zeiten der Regeneration …), damit du dich erholen kannst?
- Spürst du eine kraftvolle Verbindung zur Erde?
- Stellst du immer wieder eine Verbindung zur Kraft der Erde her, und lädst du dich dementsprechend auf?
- Bist du überhaupt geerdet?

Sinn der Übung ist es, dass du ein Gefühl dafür bekommst, inwieweit du mit deinem persönlichen inneren Ort der Kraft verbunden bist und wie du damit umgehst. Überlege dir auch, was du verändern kannst oder willst und welche Konsequenzen das für dich hätte.

Der Fels der Ahnen

Die dritte große Kraftquelle in uns, die uns mit Energie versorgt, ist das Kraftfeld unserer Ahnen, das sich aus der Energie der sieben Generationen hinter uns bildet und seinen Ausdruck im Archetypen des Felsens der Ahnen in uns findet.

Der Fels der Ahnen macht 33 Prozent der uns zur Verfügung stehenden Kraft und Energie aus.

Alles, was wir mit unserer Herkunftsfamilie und was frühere Generationen erlebt haben, kann je nach Art der Ereignisse zu einer Stärkung oder zu einer Beeinträchtigung des Kraftfeldes führen. Fließt hier die Energie frei und ohne Blockaden und Hindernisse, so steht uns die ganze Ahnenkraft zur Verfügung. Der Fels der Ahnen hat also folgende Aufgaben:

- Er kräftigt unsere Aura.
- Er kräftigt unsere Chakras.
- Es versorgt alle unsere Körperzellen mit der Kraft und Energie der Ahnen.
- Er stärkt uns den Rücken und hilft uns, aufrecht durch unser Leben zu gehen.

Im Übrigen gilt für den Fels der Ahnen und seine Verbindung zum morphischen Feld der Ahnen prinzipiell alles, was wir bei der Ahnenseele bereits besprochen haben (Seite 23 ff.).

Blockaden im Fels der Ahnen

Wenn der Fels der Ahnen blockiert ist, müssen unsere anderen Kraftquellen die fehlende Energie kompensieren und werden so schnell überstrapaziert.

- Wir gehen gekrümmt durchs Leben.
- Wir erfahren wenig Unterstützung und fühlen uns allein gelassen.
- Uns geht schnell die Kraft aus.
- Wir erleben unsere Ahnen und unsere Vorfahren als schwach und energielos.

Die Praxis zum Fels der Ahnen

Beantworte schriftlich die folgenden Fragen zu deinem Umgang mit deinem Fels der Ahnen. Schreibe dir einfach auf, was dir dazu in den Sinn kommt, ohne groß darüber nachzudenken oder gar zu werten:

- Kannst du die Kraft deiner Ahnen in dir spüren?
- Gibt es Personen, Dinge, Situationen, Ereignisse oder Ge-

schichten aus deiner Herkunftsfamilie, mit denen du in Unfrieden bist und durch die du dich geschwächt fühlst?

- Kannst du ein liebevolles Kraftfeld spüren, das immer hinter dir steht, dir den Rücken stärkt und durch dich fließt?
- Hast du Rückenprobleme?
- Überforderst du dich immer wieder?
- Traust du dich, das Kraftfeld deiner Ahnen einzufordern?

Sinn der Übung ist es, dass du ein Gefühl dafür bekommst, inwieweit du mit dem Kraftfeld deiner Ahnen verbunden bist, und zu erkennen, wo du in Unfrieden damit bist. Überlege dir auch, was du verändern kannst oder willst und welche Konsequenzen das für dich hätte.

Das Heilungsritual

Mache jetzt das Heilungsritual und nimm alles mit, was dich daran hindert, ganz in deiner Kraft und Stärke zu sein. Wenn du mit deinem Ritual fertig bist, dann nimm dir noch einmal Zeit und spüre in dich hinein:

- Kannst du die Kraft in dir spüren?
- Bist du mit der Kraft der Urquelle verbunden?
- Fühlst du dich von deinen Ahnen unterstützt und kannst du deren Kraft hinter dir und in dir spüren?

- Kannst du deine eigene Kraft spüren?
- Bist du jetzt bereit, dein Leben entsprechend zu gestalten, dass du sinnvoll mit deinen Kraftquellen umgehst und dich nicht mehr überforderst?
- Fließen jetzt alle drei Kraftquellen gleichermaßen in deinem Alltag?
- Bist du jetzt »Meister deiner Kraft« oder hast du keinerlei Einfluss darauf?
- Bist du jetzt bereit, einen harmonischen Wechsel zwischen Anspannung und Entspannung zu leben?

Wiederhole das Heilungsritual immer wieder, bis du ein echtes, authentisches Gefühl der inneren Kraft in dir spürst, bevor du die nächste Übung beginnst.

Zum Schluss schreibe dir in einer kurzen, positiv formulierten Affirmation die Essenz aus dieser vierten Reiseetappe auf, die für dich besonders wichtig ist und die dich weiter begleiten soll.

Reiseetappe 5: die Fesseln der Vergangenheit lösen

Hake jeden Tag ab und betrachte ihn als erledigt.
Du hast dein Bestes getan.
Irrtümer und Fehler sind immer möglich.
Vergiss sie so schnell wie möglich.

Ralph Waldo Emerson,
US-amerikanischer Geistlicher,
Philosoph und Schriftsteller
(1803–1882)

Auf unserer nächsten Reiseetappe beschäftigen wir uns mit unserer Vergangenheit.

Jede Veränderung findet im Jetzt statt. Nur in diesem einen Moment zwischen der Vergangenheit und der Zukunft findet das Leben statt. Unser Leben setzt sich aus der Aneinanderreihung dieser einzelnen kleinen Momente des »Jetzt« zusammen. Solange wir aber mit unseren Gedanken und Gefühlen ständig um Ereignisse und Geschehnisse in der Vergangenheit kreisen und solange traumatische Erlebnisse nicht geheilt sind, können wir nicht dauerhaft im Hier und Jetzt leben. Wir sind an die Vergangenheit gefesselt und von unserer Schöpferkraft getrennt. Dieses ständige Verweilen und Kreisen um Ereignisse der Vergangenheit bleibt so lange bestehen, bis wir die Ursachen dafür, die immer in der Vergangenheit liegen, gelöst, erlöst und geheilt haben.

Hier geht es also darum, die blockierenden Muster der Vergangenheit in ein Feld der Kraft zu transformieren.

Die Bindungen und Fesseln an die Vergangenheit

Es gibt vielerlei Gründe und Ursachen, dass wir an die Vergangenheit gebunden sind und unsere Gedanken und Gefühle nicht davon lösen können. Die wichtigsten schauen wir uns etwas genauer an.

Falsche Fokussierung: Wir haben schlicht und einfach nicht gelernt, unseren Geist zu beruhigen und unseren Fokus aufs Hier und Jetzt zu richten. Unser Geist ist von Natur aus ein unruhiger Geselle, und ohne klaren, zielgerichteten Fokus schweift er überallhin und bleibt nicht hier. Falls das auf dich zutrifft, dann kann regelmäßige Meditation helfen, deinen Geist zu beruhigen.

Falsche, negative Glaubenssätze: Glaubenssätze sind unsere Einstellungen und Leitideen, die wir für wahr halten. Sie sind uns selten bewusst, obwohl wir oft unser ganzes Leben danach ausrichten. Sie entstehen auf unterschiedliche Weise. Zum Beispiel, indem wir in der Kindheit die Glaubenssätze von für uns wichtigen Bezugspersonen übernehmen. Auch durch eigene Erfahrungen und Erlebnisse formen sich Glaubenssätze in uns, wie zum Beispiel: »Nur wenn ich anderen helfe, wird mir geholfen.« Sehr intensive traumatische Erlebnisse können ebenfalls zur Entstehung eines Glaubenssatzes führen. Werden wir beispielsweise von einem Hund angegriffen, setzt sich womöglich die generelle Überzeugung in uns fest, dass alle Hunde gefährlich sind. Glaubenssätze sind Generalisierungen, sie verallgemeinern und vereinfachen ein Thema. Einschränkende Glaubenssätze hindern uns an der Erfüllung unserer Wünsche und Ziele, etwa: »Ich werde nur geliebt, wenn ich Leistung bringe.« »Das schaffe ich nie.« Glaubenssätze zwingen uns im negativen Sinne dazu, immer wieder das Gleiche zu tun, zu denken und zu fühlen, und sie binden uns wie eine Kette an den Entstehungszeitpunkt in der Vergangenheit.

Neben den einschränkenden negativen Glaubenssätzen gibt es auch unterstützende Glaubenssätze. Mit ihrer Hilfe können wir unsere Wünsche und Ziele leichter erreichen. Einige Beispiele: »Mir wird alles gelingen.« »Wer nicht wagt, der nicht gewinnt.« »Ich kann alles erreichen, was ich erreichen möchte.«

Seelenverträge: Diese entstehen, wenn wir uns selbst oder anderen Menschen Versprechen geben, die bindenden Charakter haben und oft über viele Leben aufrechterhalten werden. Unsere Seele nimmt uns ernst und auch beim Wort. Seelenverträge können freiwillig geschlossen werden. So zum Beispiel, wenn wir einen Menschen lieben und diesem versprechen: »Ich werde dich ewig lieben.« Unsere Seele nimmt das ernst und schafft eine Verbindung, die für die Ewigkeit angelegt wird. Lösen wir diesen Seelenvertrag nicht wieder auf, sind wir so lange aneinandergebunden und begegnen uns Leben für Leben wieder, bis der Vertrag aufgelöst wird. Solche Begegnungen sind oft sehr schmerzhaft und traumatisch, denn der ursprüngliche Satz wirkt weiterhin, doch die Umstände der Begegnung sind völlig andere als beim ersten Mal, und so entstehen unerträgliche Spannungen, Konflikte und vor allem Schuldgefühle, weil der Vertrag nicht erfüllt werden kann. Seelenverträge können auch durch traumatische Erfahrungen entstehen. Beispielsweise schafft der Satz: »Ich verdamme dich auf immer und ewig« genauso einen Seelenvertrag. Die verdammte Person wird uns immer wieder begegnen, bis wir den Vertrag auflösen und Frieden finden.

Seelenverträge zwingen uns immer wieder zu Wiederholungen und dazu, immer wieder in die teils uralten Situationen einzutauchen, bis wir sie endlich auflösen.

Seelenverlust: Da die Seele eine zentrale Rolle des Menschseins einnimmt, könnte ein Mensch ohne Seele nicht existieren. Seelenverlust bezieht sich damit immer auf einen Teilbereich der Seele. Wir können uns zur Veranschaulichung die Seele als eine Kugel vorstellen. Immer wenn etwas geschieht, was im weitesten Sinne gegen die Absicht der Seele gerichtet ist, spaltet sich ein kleiner Teil aus dieser Kugel ab und steht für die Gesamtenergie der Kugel nicht mehr zur Verfügung. Es entsteht eine energetische Lücke, die sich schließlich auf körperlicher, psychischer oder geistiger Ebene in Form von Symptomen, Grübeln, Zwangsgedanken, Krankheit usw. zeigt. Dadurch sind wir wieder an die traumatischen Ereignisse der Vergangenheit gefesselt.

Ein Seelenverlust kann vorgeburtlich, während der Geburt und in allen Phasen des Lebens auftreten oder auch aus früheren Leben bereits mitgebracht sein.

Das krampfhafte Festhalten an glücklichen Ereignissen:

Wenn wir in unserer Vergangenheit zum Beispiel etwas Wunderschönes erlebt haben, was uns in tiefe positive Gefühle gebracht hat, dann neigen wir dazu, dass wir diese Gefühle unbedingt festhalten wollen. Leider ist das aber nicht möglich. Das Leben steht nicht still, sondern geht weiter, und wir müssen auf die neuen Situationen, auf das neue Jetzt reagieren.

Zusammenfassend können wir feststellen, dass wir eine negative, belastende und krankmachende Bindung auf der Zeitachse in die Vergangenheit haben. Von dieser Bindung gilt es, uns zu befreien.

Wie wir uns nicht befreien können

Wir alle haben verschiedene Grundreaktionsmuster in uns, die uns daran hindern, unsere Vergangenheit zu transformieren und uns daraus zu lösen. Diese Muster gelten prinzipiell für alles, was wir verändern möchten, wenn wir noch nicht bereit sind, das Problem nicht erkannt haben, uns vor der Veränderung drücken wollen.

- Wir ignorieren, verleugnen und verdrängen unser Problem: Hier wollen wir nicht wahrhaben, dass wir ein Problem hatten bzw. haben. Wir tun so, als wäre es nicht vorhanden, und versuchen, es zu verdrängen. Gelingt diese Verdrängung, verschieben wir die dazugehörigen negativen Gefühle in unser Unterbewusstsein. Damit haben wir uns weder davon befreit noch etwas gelöst.
- Wir bekämpfen unser Problem: Hier versuchen wir, unser Problem und die damit verbundenen negativen, blockierenden und krankmachenden Muster, Gedanken und Gefühle zu bekämpfen, um sie so zu besiegen. Diese Taktik kann

aber niemals funktionieren, denn unser gesamtes inneres System folgt grundsätzlich immer der Energie. Das heißt, je mehr Energie wir in den Kampf stecken, desto mehr füttern wir gerade das Problem, das wir so gerne loswerden wollen. So wird es immer besser genährt und hat keinerlei Veranlassung, von uns als gutem Wirt zu weichen.

- Wir verhandeln: Hier schlagen wir nicht wild um uns, um die lästigen Begleiter zu besiegen, hier gehen wir in einen inneren Dialog mit dem Ziel, durch Argumente, Vernunft, Lockangebote und Zugeständnisse unser Problem dazu zu bewegen, uns in Ruhe zu lassen. Leider funktioniert diese Taktik so gut wie überhaupt nicht. Wie schon beim Kampf geht unsere Aufmerksamkeit zum Problem und nicht zur Lösung.
- Wir verfallen in depressive Stimmungen: Hier haben wir aufgegeben, und das Gefühl, nichts ändern zu können, dominiert uns gänzlich. Wir sind mit unseren Bemühungen zu verdrängen, zu kämpfen und zu verhandeln gescheitert und glauben nicht mehr an eine Veränderung. Bleiben wir in dieser Phase stecken, dann sind wir komplett hilflos. Wir fühlen uns handlungsunfähig, erstarrt, traurig und gelähmt vor Angst.

Jeder Mensch ist anders, und so geht auch jeder anders mit seinen Problemen und Krankheiten um. Vielleicht hast du ja deine eigene »Lieblingsstrategie« erkannt, die dein innerer

Boykotteur immer wieder verwendet, um dich von den notwendigen Veränderungen abzuhalten.

Die Praxis zu den Fesseln der Vergangenheit

Beantworte schriftlich die folgenden Fragen, wie du mit deiner Vergangenheit umgehst und verbunden bist. Schreibe dir einfach auf, was dir dazu in den Sinn kommt, ohne groß darüber nachzudenken oder gar zu werten:

- Schweifst du oft in die Vergangenheit ab?
- Über was denkst du dann nach und was beschäftigt dich besonders?
- Sind es alltägliche Dinge oder eher traumatische oder nicht erlöste Situationen, über die du nachdenkst?
- Was sind die wichtigsten Stationen deines Lebens, vor allem auch die Ereignisse, die du selbst als traumatisch im weitesten Sinn ansiehst?
- Mit welchen Situationen und Menschen aus deiner Vergangenheit haderst du, bist nicht in Frieden und nicht in der Liebe?
- Bist du in Frieden mit deiner Herkunftsfamilie?
- Bist du ein gewolltes Kind, gab es Probleme bei der Schwangerschaft oder deiner Geburt?
- Welche negativen Muster hast du als Kind erlernt und übernommen?

- Siehst du selbst einen Zusammenhang zwischen deiner Vergangenheit und deiner aktuellen Lebenssituation?

Sinn der Übung ist es, zu erkennen, wodurch und wie du an deine Vergangenheit negativ gebunden bist. Überlege dir auch, was du verändern kannst oder willst und welche Konsequenzen das für dich hätte.

Das Heilungsritual

Mache jetzt das Heilungsritual und nimm alles mit, was dich daran hindert, dich aus den Fesseln deiner Vergangenheit zu lösen. Wenn du mit deinem Ritual fertig bist, dann nimm dir noch einmal Zeit und spüre in dich hinein:

- Wie fühlt es sich an, wenn du jetzt an deine Vergangenheit denkst?
- Fühlst du dich befreit und in innerem Frieden?
- Kannst du schon mehr im Hier und Jetzt verweilen?
- Bist du bereit, dein Leben ab jetzt entsprechend zu gestalten, sodass keine neuen negativen Bindungen mehr in die Vergangenheit entstehen?

Bevor du die nächste Übung beginnst, wiederhole das Heilungsritual immer wieder, bis du ein echtes, authentisches

Gefühl des Friedens und der Freiheit spürst, wenn du an deine Vergangenheit denkst.

Schreibe dir in einer kurzen positiv formulierten Affirmation die Essenz aus dieser fünften Reiseetappe auf, die für dich besonders wichtig ist und die dich weiter begleiten soll.

Reiseetappe 6: die Zukunftsängste überwinden

Nicht den Tod sollte man fürchten,
sondern dass man nie beginnen wird, zu leben.

Mark Aurel,
römischer Kaiser und Philosoph
(121–180)

Keiner weiß, was die Zukunft wirklich bringt. Nur eines ist absolut sicher – der Tod. Solange wir Angst vor der Ungewissheit haben, Angst vor der Zukunft und vor vielen wahrscheinlichen oder unwahrscheinlichen Ereignissen in der nahen oder fernen Zukunft, solange wir den Tod verdrängen und nicht wahrhaben wollen, sind wir innerlich blockiert und nicht frei. Erst die Überwindung der Zukunftsängste und vor allem der Angst vor dem Tod führt uns in eine echte innere Freiheit.

Pathologische Ängste

Physiologisch gesehen ist die Angst grundsätzlich eine Reaktion, die ursprünglich den Sinn hatte und immer noch hat, unser Überleben zu sichern und uns vor Schmerz, Verletzung und Tod zu bewahren.

Alle Formen und Ausprägungen von Ängsten, die nicht dem Schutz vor Schmerz und Verletzungen und dem Überleben dienen, sind physiologisch sinnlos und immer auch ein Hinweis auf ein tiefer liegendes ungelöstes Thema.

Unzählige Faktoren wirken bewusst, unterbewusst und energetisch auf uns ein. Dabei können durch unterschiedlichste Mechanismen – mitgebracht aus früheren Leben, vorgeburtlich, während der Geburt, während der Kindheit oder als Erwachsener – Ängste entstehen, die wir dann in die Zukunft projizieren und die uns massiv einschränken können:

- Wir sind durch die Angst und die damit verbundenen Vermeidungsstrategien nicht im Jetzt, sondern an die Zukunft gekettet.
- Wir pflegen eine Vermeidungshaltung.
- Wir sind durch die innere Spannung oder Lähmung in einem inneren Kampf gegen die Angst gefangen.
- Oft ist das Gefühl der Angst ins Unterbewusstsein abgetaucht und nicht mehr als Angst erkennbar, sondern drückt sich durch andere, überlagernde Gefühle aus oder zeigt sich in anderen Symptomen, Süchten und Ticks.

Immer wenn wir in Gefahrensituationen kommen, tritt ein uralter Überlebensmechanismus in Kraft, der in uns genetisch einprogrammiert ist – die Kampf- oder Fluchtreaktion. Diese löst Reaktionen aus, die durch das darauffolgende Handeln das Überleben sichern. Das damit verbundene Angstgefühl und der ganze Mechanismus ist also eine physiologisch sinnvolle und wissenschaftlich erklärbare Reaktion, die der Menschheit und dem einzelnen Individuum das Überleben gesichert hat und immer noch sichert. Wäre uns das Gefühl der Angst nicht angeboren, wären wir nicht in der Lage, auf Gefahrensituationen entsprechend zu reagieren.

Neben dieser angeborenen Angst gibt es aber auch pathologische Ängste und Angstmuster, die keinerlei Bezug zum direkten Überleben haben.

Ängste, die keinerlei Warn- oder echte Schutzfunktion haben, werden zu einer Belastung für uns, da sie uns daran hindern, frei und unbeschwert unser Leben zu leben. Je stärker wir es mit Ängsten zu tun haben, desto größer ist die Einschränkung. Wer jemals von Angst- und Panikattacken betroffen war, weiß, wie übermächtig diese oft völlig diffusen und von jeglicher Realität und Objektivität losgelösten Gefühle werden und im Extremfall zu Suizid oder Aufenthalten in der Psychiatrie führen können. Das Gefühl, der Angst und Panik hilflos ausgeliefert zu sein, steigert wiederum die Angst vor neuen Attacken, und so entsteht oft ein Teufelskreis, aus dem die Betroffenen nur schwer wieder herausfinden.

Diese pathologischen Ängste schützen nicht unser Leben, sondern hindern uns am Leben. Sie blockieren und führen in eine Handlungsstarre oder in irrationale, gegen den Lebensfluss gerichtete Handlungen. Die Grenzen zwischen physiologisch angeborenen und pathologisch erlernten Ängsten sind oft fließend, und eine klare Zuordnung scheint nicht möglich.

Wenn du mit schwereren Formen von Angst und Panik zu kämpfen hast, dann suche dir bitte unbedingt einen fähigen und mit diesen Themen vertrauten Therapeuten, der dich begleitet und unterstützt. Echte Panikattacken können lebensbedrohliche physiologische Reaktionen hervorrufen, und hier sollte man schon aus Verantwortung sich selbst gegenüber kompetente Begleitung und Unterstützung in Anspruch nehmen.

Symptome der Angst

Es gibt unzählige Symptome in unterschiedlichen Ausprägungen, die alle mit Angst in Verbindung gebracht werden können. Die physiologischen Symptome und körperlichen Reaktionen, die das Überleben sichern sollen, sind grundlegend immer dieselben, treten aber in unterschiedlichen Kombinationen und Stärkegraden auf. Sie bereiten auf die Kampf- oder

Fluchtreaktion vor. Über mehrere Schaltstellen im Nervensystem und durch die Aktivierung der sogenannten Stressachse kommt es zu einer vermehrten Ausschüttung von Kortisol – einem Stresshormon aus der Nebennierenrinde. Wie ausgeprägt dieser Mechanismus vor allem bei pathologischen Ängsten abläuft, scheint stark von unseren Angsterfahrungen aus der vorgeburtlichen Zeit und aus der Kindheit abzuhängen.

Folgende Symptome finden wir sowohl bei der Angstreaktion, die in echten Gefahrensituationen das Überleben sichert, als auch bei allen pathologischen Ängsten und Panikattacken:

- Unsere Aufmerksamkeit ist erhöht.
- Die Pupillen weiten sich, und wir sehen und hören besser.
- Der Blutdruck und die Herzfrequenz steigen.
- Die Atmung beschleunigt sich.
- In unseren Muskeln wird Energie bereitgestellt.
- Nicht lebenswichtige Funktionen wie die Blasen-, Magen- und Darmtätigkeit werden gedrosselt.
- Es kann zu Zittern, Schwindel, vermehrtem Schwitzen, Übelkeit und Atemnot kommen.
- Über den Schweiß werden Moleküle abgesondert, die unterbewusst zu erhöhter Alarmbereitschaft führen.

Neben diesen Reaktionen gibt es noch eine Vielzahl anderer körperlicher, psychischer und seelischer Reaktionen und Verhaltensweisen, die mit dem Auftreten von Angst einhergehen.

So kommt es beispielsweise zu Schmerzzuständen, Ersatzhandlungen, Zwängen, hektischen Aktivitäten und lähmenden Beklemmungen bis hin zu einer kompletten Handlungsstarre.

Wichtig ist, dass du dir selbst darüber bewusst wirst, an welchen Symptomen du durch deine Ängste leidest und wie stark du dadurch beeinträchtigt bist, damit du diese mit dem Heilungsritual auflösen kannst.

Ursachen und Entstehung von Ängsten

Normalerweise verfügt jeder Mensch über die Bereitschaft, Angst zu erleben. Ob und wann diese Bereitschaft zu richtiger Angst wird, ist dagegen von Person zu Person unterschiedlich. Einige Menschen verkraften auch Extremsituationen wie lebensgefährliche Unfälle, Entführungen oder Misshandlungen, ohne anschließend unter vermehrter Angst zu leiden. Andere wiederum trauen sich nicht mehr unter Menschen, nachdem sie sich durch eine für andere banal wirkende Bemerkung tödlich gekränkt fühlten. Vermutlich liegt das persönliche Ausmaß an »Angstbereitschaft« teilweise schon bei der Geburt fest (»Temperament«). Dabei ist unter »Angstbereitschaft« die Art und Weise zu verstehen, wie ein Mensch auf neue, ihm unbekannte Reize reagiert (z. B. durch eine Alarmreaktion im

Sinne von Angst oder durch neugieriges, vielleicht sogar lustvolles Untersuchen des neuen Reizes).

Pathologische Ängste können bereits in früheren Leben entstanden sein, bei der Zeugung, vorgeburtlich, bei der Geburt, in der Kindheit oder im Erwachsenenalter.

Wenn wir entsprechende Resonanzfelder in uns haben, dann übernehmen wir sehr schnell Ängste von unseren Eltern und Bezugspersonen oder auch kollektive Ängste aus unserem Umfeld oder aus unserem Ahnensystem, wie zum Beispiel die Angst vor Krieg, Angst vor Ausländern, Angst vor Blamage ... In den Familien Angstkranker findet man oft eine regelrechte Angsttradition, die sich über mehrere Generationen hinweg erstreckt.

Zu hohe Ansprüche an sich selbst

Viele Menschen neigen dazu, die Ansprüche an sich selbst sehr hoch zu setzen. Herausforderungen sind gut und wichtig, damit wir nicht in Lethargie und Trägheit versinken und hinter dem zurückbleiben, was möglich wäre. Wenn wir jedoch unsere Maßstäbe so hoch ansetzen, dass wir sie nicht erreichen können, gleichzeitig aber den Anspruch an uns haben, perfekt zu sein, dann sind wir in einer Zwickmühle gefangen. Weil wir unsere Ziele nicht erreicht haben, also unserem Anspruch an uns selbst nicht gerecht geworden sind, fühlen wir uns schlecht und entwickeln deshalb oft Schuldgefühle. Beim nächsten Versuch taucht dann plötzlich die Angst vor dem Versagen in uns auf, weil wir diese Erfahrung ja schon gemacht haben. Dieses Spiel spielen manche Menschen mit Ausdauer und Hingabe ihr ganzes Leben lang, was zu Dauerüberforderung führt, und sie finden keinen Ausweg daraus. Angst und Schuld werfen sich den Ball zu, und wir hetzen zwischen diesen beiden Polen hin und her, ohne den Ball jemals zu erwischen. Unser Selbstwert und unsere Selbstliebe bleiben dabei immer mehr auf der Strecke.

Wenn wir in solchen Mustern gefangen sind, müssen wir zuerst erkennen, dass wir uns mit unseren Ansprüchen an uns selbst permanent überfordern.

Wir müssen unsere eigenen Maßstäbe überprüfen und sie unseren Möglichkeiten anpassen. Letztendlich geht es dabei wieder um die Selbstliebe. Wir lieben uns nicht so, wie wir mit all unseren Fehlern und Beschränkungen momentan sind.

Die Angst vor dem Tod

Keiner weiß, was die Zukunft wirklich bringt. Nur eines ist absolut sicher – der Tod des physischen Körpers. Alles, was ist, besteht in seiner Grundstruktur aus Energie. Die dichteste Form von Energie ist Materie. Auch unser Körper besteht aus Materie und wird eines Tages sterben. Damit verbunden ist der Übergang in eine reine Form der Energie.

Wir alle unterliegen dem ewigen Kreislauf von Geburt, Leben, Sterben, Tod und Wiedergeburt, außer wir haben den Zustand der Erleuchtung erreicht und uns somit aus diesem Kreislauf befreit. Selbst wenn es uns nicht bewusst ist, stirbt ein Teil unseres physischen Körpers auf der Zellebene jetzt in diesem Moment und schafft so Platz für neue Zellen. Auch hier gilt das Gesetz vom ewigen Kreislauf des Werdens und Vergehens.

Ursachen für die Angst vor der Ungewissheit und vor dem Tod sind unter anderem:

- Fehlendes Urvertrauen.
- Innere Unsicherheit.
- Das Fehlen eines geschützten Rahmens.
- Traumatische Erlebnisse mit dem Tod.
- Verdrängung der Endlichkeit.
- Nicht in Frieden sein mit dem Kreislauf der Natur.
- Nicht in Frieden sein mit dem eigenen Leben.

Tabuthema Alter und Tod

Gerade in modernen westlichen Kulturen sind die Themen Alter und Tod immer mehr tabuisiert worden. Die Jugend wird verherrlicht, Altern und Tod hingegen werden wie Aussatz behandelt. Auch unsere Medizin »kämpft« gegen den Tod.

In Stammeskulturen dagegen ist der Tod ein wesentlicher, ganz natürlicher Bestandteil des Lebens. Schamanen sehen darin einen der wichtigsten Schlüssel, um wirklich zu leben.

Werden die physische Endlichkeit und der unausweichliche Tod von einem Menschen akzeptiert, geachtet und angenommen, dann kann er angstfrei durchs Leben gehen. Ist dagegen der Tod angstbesetzt, so führt das zu einer Blockierung und Schwächung der Lebensenergie. Daraus resultiert eine Suche nach Sicherheit, die es so nicht gibt. Auch noch so viele Versicherungen können dir diese Angst nicht nehmen. Solange wir Angst vor der Ungewissheit haben, den Tod verdrängen und nicht wahrhaben wollen, sind wir innerlich blockiert und nicht frei. Wir führen ein Leben auf Sparflamme. Erst die Überwindung der Zukunftsängste und vor allem der Angst vor dem Tod führt uns in echte innere Freiheit und eröffnet uns damit erst die Möglichkeit, das Leben in seiner ganzen Tiefe, Schönheit und Größe zu erleben und damit wirklich zu leben.

Selbstliebe als Weg aus der Angst

Wollen wir uns aus unseren pathologischen Ängsten grundlegend und dauerhaft befreien, lautet die wichtigste Frage, die wir uns stellen sollten: »Liebe ich mich selbst?«

Letztendlich stellen wir hier die Frage, ob wir es uns selbst wirklich wert sind, ein glückliches, gesundes und freies Leben ohne Ängste zu führen. Es geht also auch um unseren Eigenwert, der mit der Eigenliebe verknüpft ist. Wenn Selbstablehnung und Selbstzweifel unsere ständigen Begleiter sind und wir uns selbst nicht zugestehen, wertvolle Wesen zu sein, die ohne Angst leben dürfen und befreit in absoluter Selbstliebe ihren Weg gehen dürfen und wollen, welchen Wert setzen wir dann an die erste Stelle? Nicht die Selbstliebe, sondern die Selbstablehnung. Wenn du hier merkst, dass du noch nicht in der Selbstliebe bist, dann gehe zurück zur Reiseetappe 2 und verbinde dich nochmals mit der Selbstliebe.

Praxis »Die Angst vor der Zukunft überwinden«

Beantworte schriftlich die folgenden Fragen zu deinem Umgang mit deinen Ängsten:

- Schweifst du oft in die Zukunft ab?
- Über was denkst du dabei nach und was beschäftigt dich?

- Sind es alltägliche Dinge, über die du dabei nachdenkst, oder eher ängstliche Erwartungen, Ängste und Befürchtungen?
- Stellst du dir deine Zukunft eher positiv vor oder tauchen permanent Ängste davor auf?
- Inwieweit lässt du dich von deinen Ängsten einschränken und vermeidest Dinge, Situationen und Begegnungen, die du als angstauslösend empfindest?
- Hast du Angst vor dem Tod?
- Neigst du dazu, dich gegen alles, was passieren könnte, abzusichern?
- Nimmst du deine Ängste überhaupt wahr oder verdrängst du sie?
- Kennst du die auslösenden Ursachen für deine Ängste?
- Siehst du selbst einen Zusammenhang zwischen deiner Vergangenheit und deinen Ängsten?
- Gibst du dir selbst als Schöpferwesen die Erlaubnis, angstfrei leben zu dürfen?

Sinn der Übung ist es, dir über deine eigenen Ängste Klarheit zu verschaffen. Überlege dir auch, was du verändern kannst oder willst und welche Konsequenzen das für dich hätte.

Das Heilungsritual

Mache jetzt das Heilungsritual und nimm auch alle Ängste mit, die dich blockieren und hemmen und die dich daran hindern, im Hier und Jetzt zu sein. Wenn du mit deinem Ritual fertig bist, dann nimm dir noch einmal Zeit und spüre in dich hinein.

- Spürst du Mut und Zuversicht in dir?
- Bist du bereit, kalkulierte Risiken einzugehen und mutig den Weg in deine Zukunft zu gehen?

Bevor du die nächste Übung beginnst, wiederhole das Heilungsritual immer wieder, bis du ein echtes, authentisches Gefühl des Mutes und der Zuversicht in dir spürst und deine Gedanken aufhören, immer in eine angstvolle Zukunft abzudriften.

Zum Schluss schreibe dir in einer kurzen positiv formulierten Affirmation die Essenz aus dieser sechsten Reiseetappe auf, die für dich besonders wichtig ist und die dich weiter begleiten soll.

Reiseetappe 7: die Schöpferkraft im Hier und Jetzt aktivieren

Liebe ist die einzige Kraft,
die erschafft, die erschaffen kann.

Hazrat Inayat Khan,
indischer Sufi-Meister (1882–1927)

Alles ist in seiner Grundsubstanz Energie und Schwingung. Mit unseren Gedanken, Gefühlen, Worten und Handlungen oder Nicht-Handlungen erschaffen wir permanent ein ureigenes Schwingungsmuster. Nach dem Grundgesetz der Resonanz ziehen wir damit Schwingungsfelder im Außen an, die mit unseren in Resonanz gehen, und erschaffen damit unsere Realität. Ob uns diese gefällt, ob wir diese als angenehm empfinden und ob wir dabei glücklich sind, hängt von dem ab, was wir in uns tragen und an Schwingungen aussenden.

Das Außen fungiert dabei letztendlich als reiner Spiegel.

Wir können entweder ganz bewusst unsere Realität erschaffen, indem wir uns um unsere Schwingungen kümmern, diese hegen und pflegen und permanent optimieren und an die Grundschwingung der Liebe und unserer Lebensaufgaben anpassen. Oder wir bleiben unbewusst und haben dann keinerlei Einfluss auf das, was uns widerfährt und wie wir reagieren. Alles bleibt in einem unbewussten Automatismus stecken, ohne dass wir wirklich Einfluss darauf nehmen können.

Der Schöpfungsakt

Blicken wir in die Natur, dann sehen wir den ständigen Wechsel des Werdens und Vergehens. Die Natur schafft permanent neues Leben, und gleichzeitig sterben alte Strukturen.

Der Schöpfungsakt selbst findet in einem Zusammenspiel der Urpolarität unseres Seins statt. Vater Sonne, der männliche Pol, liefert die notwendige Energie, Mutter Erde, der weibliche Pol, stellt den Nährboden zur Verfügung, und so kann neues Leben entstehen. Der Schöpfungsakt benötigt also beide Pole. Liegt hier ein Ungleichgewicht vor oder gibt es widrige Bedingungen, die diesen Prozess behindern, dann zeigt sich das auch in der Natur. Zu viel Sonne zerstört, zu wenig schmälert das Wachstum. Zu viel Erde macht schwer und erdrückt, zu wenig gibt nicht genügend Nahrung.

Als Spiegel zeigt uns dieses Spiel der Urkräfte, dass der

Schöpfungsakt auch auf energetischer Ebene genauso abläuft. Der männliche und der weibliche Pol müssen in ihrer Kraft sein, es muss ein ausgeglichenes Verhältnis zwischen beiden vorhanden sein, und beide müssen aufeinandertreffen und ihre Energien vereinigen.

Die innerseelischen Archetypen der Schöpferkraft

In unserer Seele haben wir alle archetypischen Kräfte abgespeichert, die uns mit kollektiven Urthemen des Menschseins verbinden. Für unsere Schöpferkraft sind zwei Archetypen und deren Zusammenwirken zuständig:

- Der innere Mann
- Die innere Frau

Wir alle tragen diese Kräfte in uns. Je nachdem, was wir an eigenen Erfahrungen in Bezug auf die Themen der jeweiligen Archetypen erlebt und erfahren haben, sowohl in diesem Leben als auch in früheren Inkarnationen, hat sich daraus eine einzigartige, individuelle Färbung des jeweiligen Archetypen in uns ausgeprägt und dementsprechend unsere innerseelische Schöpferkraft geprägt.

Unsere Schöpferkraft drückt sich also zunächst im Zusammenspiel der innerseelischen Archetypen der inneren Frau und des inneren Mannes aus. Sind diese in ihrer Kraft und agieren liebe- und achtungsvoll miteinander, wird auch der Archetyp des inneren Kindes in uns gut genährt. Es kann wachsen und gedeihen, und wir können aktiv, bewusst und liebevoll unser Leben immer neu erschaffen und gestalten. Liegen dagegen Blockaden oder Ungleichgewichte vor, wirkt sich das entsprechend auf unsere Schöpferkraft aus.

Der Archetyp des inneren Mannes

Der innere Mann kann sich in verschiedensten Facetten in uns zeigen und ausdrücken: der König, der Krieger, der Bettler, der Mönch, der Liebhaber, der Schöpfer, der Eroberer …

Unser innerer Mann spiegelt uns den Aspekt der Sonnenenergie im Außen und zeigt uns, ob wir mit der männlichen Schöpferkraft und mit unserer Männlichkeit als solcher im Reinen sind. Je nachdem, welche Erfahrungen wir in Bezug auf Männlichkeit und Mannsein innerseelisch abgespeichert haben und welche entsprechenden Persönlichkeitsmuster wir mit in dieses Leben gebracht haben, spiegelt uns unser innerer Mann unseren ureigenen, einzigartigen männlichen Umgang mit der Liebe, mit der Sexualität, mit der Fähigkeit zur Vereinigung mit dem weiblichen Pol, mit dem Schöpfungsakt und mit unserer männlichen Schöpferkraft.

Der Vateraspekt

Der Vater beinhaltet nicht nur die reale Beziehung zu einem eigenen Kind oder auch zu einem Projekt, in dem man dient, sondern auch alle Aspekte, die einerseits etwas mit dem urmännlichen Pol dieses Universums zu tun haben, andererseits grundlegend mit dem Thema der männlichen Führerschaft, der Vaterfigur, die als Vorbild auftritt, beschützt, behütet und den männlichen Aspekt des Umgangs mit dem Leben aufzeigt. Geht es um unsere Schöpferkraft, tritt der Vateraspekt dann in Erscheinung, wenn sich unser Projekt, also das, was wir erschaffen haben, realisiert und entsprechend Pflege, Schutz und Betreuung bedarf.

Die Praxis zum inneren Mann

Beantworte schriftlich die folgenden Fragen zu deinem Umgang mit deinem inneren Mann und deinem männlichen Pol. Schreibe dir einfach auf, was dir dazu aus deinem persönlichen Leben einfällt, ohne groß darüber nachzudenken oder gar zu werten:

- Kannst du die Energie deines inneren Mannes spüren?
- Wie geht es deinem männlichen Pol in dir?
- Ist dein innerer Mann in seiner Kraft und Stärke und arbeitet er zu deinem Wohl und zum Wohle aller?

- Lebst und zeigst du deine männliche Seite in deinem Alltag?
- Ist dein innerer Mann verbunden mit dem Urprinzip der Sonne im Außen?
- Kannst du deine männliche Seite situationsgerecht zeigen oder versteckst du diese?
- Bist du der Meister deines inneren Mannes oder beherrscht dich die Energie deines inneren Mannes und du bist ihm ausgeliefert?
- Ist dein innerer Mann mit deinem Herzen und deiner Herzensabsicht verbunden?

Sinn der Übungen ist es zu erkennen, inwieweit du ein Gefühl für deinen inneren Mann und deinen männlichen Pol hast und wie es diesem in dir geht. Überlege dir auch, was du verändern kannst oder willst und welche Konsequenzen das für dich hätte.

Der Archetyp der inneren Frau

Wie auch der innere Mann kann sich die innere Frau in unterschiedlichsten Facetten zeigen und ausdrücken: die Königin, die Kriegerin, die Jungfrau, die Schöpferin, die Heilige, die Bedürftige …

Unsere innere Frau spiegelt uns den Aspekt der Erdenergie

im Außen und zeigt uns, ob wir mit der weiblichen Schöpferkraft und mit unserer Weiblichkeit als solcher im Reinen sind. Je nachdem, welche Erfahrungen wir in Bezug auf Weiblichkeit und Frausein innerseelisch abgespeichert haben und welche entsprechenden Persönlichkeitsmuster wir mit in dieses Leben gebracht haben, spiegelt uns unsere innere Frau unseren ureigenen, einzigartigen weiblichen Umgang mit der Liebe, mit der Sexualität, mit der Fähigkeit zur Vereinigung mit dem männlichen Pol, mit dem Schöpfungsakt und mit unserer weiblichen Schöpferkraft.

Der Mutteraspekt

Auch hier sind unsere bisherigen Erfahrungen mit der »Mutterrolle« entscheidend. Die Mutter beinhaltet nicht nur die reale Beziehung zu einem eigenen Kind oder Projekt, sondern auch alle Aspekte, die einerseits etwas mit dem urweiblichen Pol dieses Universums zu tun haben, andererseits grundlegend mit dem Thema der weiblichen Führerschaft, der Mutterfigur, die als Vorbild auftritt, nährt, versorgt, behütet und den weiblichen Aspekt des Umgangs mit dem Leben aufzeigt. Geht es um unsere Schöpferkraft, tritt die Mutter dann in Erscheinung, wenn sich unser Projekt, also das, was wir erschaffen haben, realisiert und entsprechend Pflege, Schutz und Betreuung bedarf.

Die Praxis zur inneren Frau

Beantworte schriftlich die folgenden Fragen zu deinem Umgang mit deiner inneren Frau und deinem weiblichen Pol. Schreibe dir einfach auf, was dir dazu aus deinem persönlichen Leben einfällt, ohne groß darüber nachzudenken oder gar zu werten:

- Hast du ein Gefühl für deine innere Frau?
- Kannst du diese Energie spüren?
- Wie geht es deinem weiblichen Pol in dir?
- Ist deine innere Frau in ihrer Kraft und Stärke und arbeitet sie zu deinem Wohl und zum Wohle aller?
- Lebst und zeigst du deine weibliche Seite in deinem Alltag?
- Ist deine innere Frau verbunden mit dem Urprinzip der Erde im Außen?
- Kannst du deine weibliche Seite situationsgerecht zeigen oder versteckst du diese?
- Bist du der Meister deiner inneren Frau oder beherrscht dich die Energie deiner inneren Frau und du bist ihr ausgeliefert?
- Ist deine innere Frau mit deinem Herzen und deiner Herzensabsicht verbunden?

Sinn der Übungen ist es zu erkennen, inwieweit du ein Gefühl für deine innere Frau hast und wie es ihr in dir geht. Überlege dir auch, was du verändern kannst oder willst und welche Konsequenzen das für dich hätte.

Der Archetyp der »Liebenden«

Aus den Archetypen des inneren Mannes und der inneren Frau erwächst der Archetyp der »Liebenden«. Hier zeigt sich schließlich klar und deutlich, ob die Energien frei fließen, wo wir unsere Defizite haben und wie es um unsere innere Schöpferkraft bestellt ist. Können unser männlicher und weiblicher Pol miteinander uneingeschränkt verschmelzen oder gibt es hierbei Probleme?

Hier wird ersichtlich, dass es nicht damit getan ist, nur seinen männlichen oder weiblichen Anteil in Heilung zu bringen. Erst wenn alle zwei Anteile erlöst, frei und heil sind, zeigt sich das in einer Auflösung aller Beschränkungen und einer Schöpferkraft, die unserem eigenen Wesen gemäß unsere Realität in einzigartiger Weise erschafft. Im Verschmelzen im Archetypen der Liebenden erwächst symbolisch neues Leben, im übertragenen Sinn etwas Neues, Einzigartiges, unserem Wesen Entsprechendes – unsere Realität.

Die Praxis zum Archetyp der Liebenden

Beantworte schriftlich die folgenden Fragen zu deinem Umgang mit deinem Archetyp der Liebenden. Schreibe dir einfach auf, was dir dazu aus deinem persönlichen Leben einfällt, ohne groß darüber nachzudenken oder gar zu werten:

- Hast du ein Gefühl für die Energie der Liebenden?
- Kannst du diese Energie spüren?
- Wie geht es den Liebenden in dir?
- Findet überhaupt eine Verschmelzung des weiblichen und männlichen Pols in dir statt?
- Sind dein innerer Mann und deine innere Frau so weit in ihrer Souveränität, Kraft und Stärke, dass daraus eine Verschmelzung, ein Schöpfungsakt stattfinden kann und dein inneres Kind gut gedeiht und permanent genährt wird?
- Findet letztendlich der Schöpfungsakt in dir statt?
- Bist du in Kontakt mit deiner inneren Schöpferkraft?
- Bringst du diese Kraft in dir nach draußen in die Welt?
- Erschaffst du bewusst und liebevoll dein Leben, das du dir erträumst?
- Bist du der Meister deiner Schöpferkraft oder bist du passiv oder in der Ohnmacht?
- Ist deine Schöpferkraft mit deinem Herzen und deiner Herzensabsicht verbunden?

Sinn der Übungen ist es zu erkennen, inwieweit du ein Gefühl für deine innere Schöpferkraft hast, ob du diese sinnvoll nutzt und wie du in Kontakt stehst zu deinem Archetypen der Liebenden. Überlege dir auch, was du verändern kannst oder willst und welche Konsequenzen das für dich hätte.

Der Archetyp des inneren Kindes

Aus der Verschmelzung des inneren Mannes und der inneren Frau im Archetyp der Liebenden wird schließlich »neues Leben geboren«, und wir werden zum Schöpfer unseres Lebens und unserer Realität. Hier findet der Schöpfungsakt statt, der sich innerseelisch in Form des inneren Kindes widerspiegelt.

Sind der innere Mann und die innere Frau in ihrer Kraft, Stärke, Freiheit und Liebesfähigkeit, also in ihrer echten Souveränität, so entsteht aus der Verbindung der beiden ein wundervoller, kraft- und liebevoller Archetyp der Liebenden, und daraus wiederum wird unser inneres Kind permanent neu geboren und genährt. Hier zeigt sich wiederum, wie wichtig es ist, sich aus allen Verletzungen und Verstrickungen der Vergangenheit zu lösen, die unser inneres Kind bisher beeinflusst haben und es daran gehindert haben, in seine wirkliche Kraft zu kommen.

Unser Kind will spielen

Ist unser inneres Kind unverletzt und kann frei agieren, dann hat es einen einzigen wirklichen Wunsch: Es will spielen.

Beobachte einmal ein gesundes, glückliches kleines Kind beim Spielen. Es ist mit großer Ernsthaftigkeit im Hier und

Jetzt ganz in sein Spiel versunken und ist gänzlich präsent im Moment. Solange sich keine anderen Grundbedürfnisse wie Hunger, Durst und das Bedürfnis nach Nähe in den Vordergrund schieben, so lange spielt das Kind glücklich sein Spiel.

Für jede Form des Erschaffens im Leben und auch für die Liebe ist dieser Aspekt des Spielens enorm wichtig. Würden wir alle genauso wie das Kind agieren, würden wir das kreative Spiel in den Vordergrund stellen, wäre auch unser Erschaffen entsprechend kreativ, liebevoll und frei von negativen Anhaftungen, und wir würden nicht unsere Probleme in unsere Schöpfungen projizieren.

Hier schließt sich dann auch der Kreis der vier hier besprochenen innerseelischen Archetypen. Denn wenn das innere Kind in seiner Kraft, Liebe und Freiheit ist, wirkt sich dessen Fähigkeit zum Spielen im Hier und Jetzt wiederum auf die Liebenden aus, und von hier aus gibt es eine positive Rückkopplung zum inneren Mann und der inneren Frau.

So bedingen sich diese vier innerseelischen Kräfte in uns, und wir sind aufgefordert, alles dafür zu tun, damit sie zu ihrer wahren inneren Größe finden und leuchtend und strahlend ihre ganze Kraft, Liebe und Schöpferkraft entfalten können.

Die Praxis zum inneren Kind

Beantworte schriftlich die folgenden Fragen zu deinem Umgang mit deinem inneren Kind. Schreibe dir einfach auf, was dir dazu aus deinem persönlichen Leben einfällt, ohne groß darüber nachzudenken oder gar zu werten:

- Hast du ein Gefühl für dein inneres Kind?
- Kannst du diese Energie spüren?
- Wie geht es deinem inneren Kind?
- Ist dein inneres Kind in seiner Kraft und Stärke?
- Ist dein inneres Kind immer noch verletzt aufgrund deiner Vergangenheit und traumatischen Ereignisse in deiner Kindheit?
- Kümmerst du dich genügend um dein inneres Kind?
- Bekommt es genügend Energie von den Liebenden, und hat es Zeit und Raum zum Spielen?
- Darf es sich seinem Wesen gemäß entwickeln?
- Lebst und zeigst du dein inneres Kind in deinem Alltag?
- Ist dein inneres Kind mit deinem Herzen und deiner Herzensabsicht verbunden?

Sinn der Übungen ist es zu erkennen, inwieweit du ein Gefühl für deine innere Schöpferkraft hast, ob du diese sinnvoll nutzt und wie es deinem inneren Kind dabei geht. Überlege dir auch, was du verändern kannst oder willst und welche Konsequenzen das für dich hätte.

Das Heilungsritual

Mache jetzt das Heilungsritual und nimm alles mit, was dich daran hindert, ganz aus deiner inneren Schöpferkraft heraus ein authentisches, deinem Wesen und deiner Seelenabsicht entsprechendes Leben zu gestalten. Wenn du mit deinem Ritual fertig bist, dann nimm dir noch einmal Zeit und spüre in dich hinein:

- Kannst du die Archetypen des inneren Mannes, der inneren Frau, der Liebenden und des inneren Kindes in dir spüren?
- Bist du mit deiner Schöpferkraft verbunden?
- Kannst du diese spüren?
- Ist diese mit Vater Sonne und Mutter Erde als den übergeordneten Schöpferinstanzen verbunden?
- Fühlst du dich von deinen Ahnen unterstützt, und kannst du deren Kraft hinter dir und in dir spüren?
- Kannst du deine eigene Kraft spüren?
- Bist du jetzt bereit, dein Leben entsprechend zu gestalten, sodass du sinnvoll mit deiner Schöpferkraft zum Wohle der gesamten Schöpfung umgehst?
- Bist du jetzt der Mensch, der aktiv und bewusst erschafft?

Wiederhole das Heilungsritual immer wieder, bis du ein echtes, authentisches Gefühl für deine Schöpferkraft in dir spürst, bevor du die nächste Übung beginnst.

Zum Schluss schreibe dir in einer kurzen, positiv formulierten Affirmation die Essenz aus dieser siebten Reiseetappe auf, die für dich besonders wichtig ist und die dich weiter begleiten soll.

Reiseetappe 8: deine Vision und Bestimmung

Wir brauchen eine langfristige Vision,
die Vision der Seele.

Rabindranath Tagore,
indischer Dichter und Philosoph,
1913 Nobelpreisträger für Literatur
(1861–1941)

Solange wir nicht wissen, warum wir auf dieser Welt sind, fehlt uns der Sinn des Lebens. Wir torkeln suchend durch das Leben, ohne zu wissen, wohin die Reise geht. Erst wenn wir unsere Lebensaufgabe kennen, können wir aus ganzem Herzen auf unser Ziel hin leben.

- Weißt du, warum du hier auf dieser Welt bist, und siehst du einen Sinn in deinem Leben?
- Erkennst du einen tieferen Sinn in all deinen Begegnungen mit anderen Menschen, mit Situationen und Herausforderungen, die dir das Leben stellt?

Wenn wir hierher auf diese Welt kommen, dann ist unsere Seele kein unbeschriebenes Blatt. Wir alle haben bereits eine Menge Erfahrungen gemacht. Wir befinden uns auf einer Wanderung durch Raum und Zeit. Wir inkarnieren uns immer wieder hier auf der Erde, um uns weiterzuentwickeln, um die Facetten des Lebens und des Liebens zu lernen und um irgendwann wieder nach Hause zurückzukehren. Nach Hause in die Einheit, in unsere göttliche Heimat, in die reine, pure Liebe.

Unser Erdenleben

Nun empfinden viele Menschen das Leben hier auf der Erde eher als Last und Bürde. Sie werden geleitet von Angst, Ablehnung, Vorbehalten, Abgrenzung, Streit, Rechthaberei und Hass und fühlen sich oftmals in der Ohnmacht gefangen.

Gerade in der heutigen Zeit herrscht gleichzeitig ein grenzenloser Egoismus. Jeder ist sich selbst der Nächste, rücksichtslos wird der eigene Vorteil zum Maß aller Dinge, andere Menschen, Lebewesen und die ganze Erde werden ausgebeutet, benutzt und zerstört.

Nur wenige Menschen gehen dagegen aufrecht in ihrer wirklichen inneren Größe durch das Leben, dienen dem Leben aus einer Position der Stärke, der Würde und der wirklichen bedingungslosen Liebe heraus.

Wie auch immer man diese Welt und die gesamte Schöpfung sieht – als einen Ort des Mangels, der Kälte, des Verderbens, der Angst und Unsicherheit oder als einen Ort der Schönheit, der Fülle, der Liebe und der Geborgenheit –, unsere Seele trägt die Erinnerung an die Welt jenseits all dieser Sichtweisen in sich. Tief in uns wissen wir, dass es jenseits der gefühlten Trennung einen Ort gibt, an dem wir wieder verschmelzen, an dem sich alles wieder vereint zu einem großen Ganzen, an dem reine, pure Liebe herrscht. Manchmal taucht im Leben ein Funke davon auf, und wir erinnern uns, dass die Welt und unsere Sichtweise davon nur eine Illusion ist und dass wir gerade jetzt in diesem Moment zu Hause sind. Wir erinnern uns daran, dass alles einen tiefen Sinn hat, den wir oft nur nicht mehr erkennen.

Vielen Menschen fehlt leider diese Erinnerung. Sie sehen keinen wirklichen Sinn in ihrem Leben. Diese Sinnlosigkeit wird dann oft mit Ersatzbefriedigungen übertüncht. Drogen, Alkohol, Nikotin, exzessiver Sport, Spielsucht, Sexsucht, Fernsehkonsum … all das wird zum Ersatz für den Lebenssinn, der nicht gefunden wurde und überhaupt nicht mehr gesucht wird.

Aus schamanischer Sicht gibt es unterschiedlichste Facetten, die unserem Erdenleben Sinn geben und weswegen wir hierher in dieses Leben gekommen sind.

Wir alle sind hier, um …

- … uns und unsere Seele weiterzuentwickeln.

- … unsere persönliche Lebensaufgabe zu meistern.
- … unsere überpersönliche Lebensaufgabe zu erfüllen.
- … die bedingungslose Liebe in allem zu erkennen und sie aus uns heraus erstrahlen zu lassen.
- … aus alldem unsere Lebensvision und Lebensmission zu erkennen und zu leben.
- … das Leben zu feiern.
- … zu lieben.

Der Krieger des Herzens

Um unsere Aufgaben und Visionen zu erkennen, brauchen wir eine gute und tiefe Verbindung zu unserem Herz, zu unserer Seele und unserer inneren Weisheit. Dazu haben wir bereits die Verbindung Kopfhirn, Bauchhirn und Herzhirn hergestellt und vieles aus dem Weg geräumt, das uns diesen Zugang bisher verwehrt hat. Innerseelisch gibt es den Archetypen des Kriegers des Herzens.

- Dieser schürt das Feuer in unserem Herzen. Er begleitet uns, damit wir unsere Lebensaufgabe und unsere Bestimmung finden und unsere tiefsten Herzenswünsche erkennen und konsequent leben.
- Er hilft, uns selbst in unserer Einzigartigkeit anzunehmen und zu lieben.

- Er unterstützt uns dabei, konsequent der Stimme unseres Herzens zu folgen.
- Er hilft uns dabei, unser Leben in eine Richtung zu lenken, um unsere Lebensaufgabe zu erfüllen.
- Seine Aufgabe ist es, uns zunächst einmal mit unserer ursprünglichen Aufgabe in Kontakt zu bringen, die wir uns für dieses Leben gestellt haben.
- Er hilft uns, diese Flamme in unserem Herzen immer am Brennen zu halten, egal wie schwer der Weg auch sein mag.
- Er unterstützt uns dabei, konsequent zu handeln und keine faulen Kompromisse mehr einzugehen.
- Er ist bereit, Risiken einzugehen, ohne dabei kopflos zu sein.
- Die bedingungslose, absolute Herzensliebe ist das Grundprinzip des Kriegers des Herzens.

Praxis zum Krieger des Herzens

Beantworte schriftlich die folgenden Fragen zu deinem Bezug zum Krieger des Herzens, zu deinem Herzensfeuer und deinen Herzenswünschen. Schreibe dir einfach auf, was dir dazu in den Sinn kommt, ohne groß darüber nachzudenken oder gar zu werten:

- Kannst du dein Herzensfeuer spüren?
- Folgst du der Stimme deines Herzens?

- Hast du einen inneren Kontakt zu deinem Krieger des Herzens?
- Lässt du dich von deinem Herz und deinem Krieger des Herzens führen, um konsequent der Stimme deines Herzens und dem Ruf deiner Lebensaufgabe zu folgen bzw. diese zu erkennen?
- Gibst du deinem Leben eine klare Richtung?
- Kennst du deine tiefsten Herzenswünsche und Sehnsüchte und gibst du ihnen den Raum, sich zu zeigen?
- Traust du dich, diese auch zu leben?
- Gibst du ihnen Aufmerksamkeit und Energie oder schiebst du sie gleich wieder weg, weil sie nicht in dein derzeitiges Leben passen oder du sie als nicht realisierbar ansiehst?
- Wovon träumst du wirklich?
- Lebst du das Leben, das du dir erträumst?
- Tust du alles dafür, um deine Herzenswünsche und Träume zu verwirklichen?

Sinn der Übung ist es, wieder mit der Stimme deines Herzens und mit deinem Krieger des Herzens, der dich bedingungslos dabei unterstützen will, deine Lebensaufgabe zu erkennen und diese zu leben, in Kontakt zu kommen. Überlege dir auch, was du verändern kannst oder willst und welche Konsequenzen das für dich hätte.

Die persönliche Lebensaufgabe

Unsere Seele hat viele positive und negative Erfahrungen auf ihrer Wanderung durch die Inkarnationen gemacht. Aus all diesen Erfahrungen stellen wir uns selbst für dieses Leben eine ganz persönliche Lebensaufgabe, die an alle bisher gemachten Erfahrungen anknüpft.

Alle Begegnungen und Beziehungen, die wir im Laufe unseres Lebens eingehen, haben den tieferen Sinn, uns dabei zu unterstützen und uns aufzuzeigen, wo wir gerade stehen. Das Leben will uns daran erinnern und uns wachrütteln. Hier stellt sich die grundlegende Frage nach dem Sinn dieses jetzigen Lebens:

- Warum bist du hierhergekommen?
- Was willst du in diesem Leben für deine persönliche Entwicklung lernen und meistern?
- Handelst du dabei aus tiefster Liebe?
- Bereicherst und beschenkst du die Welt mit dem, was du mitgebracht hast?

Die überpersönliche Lebensaufgabe

Wir alle gehören zur Spezies Mensch, und so wie es eine persönliche, individuelle Lebensaufgabe für jeden Einzelnen gibt, so gibt es auch für alle Menschen eine gemeinsame, übergeordnete Aufgabe. Schamanen bezeichnen dies als das »Dasein als Erdenhüterinnen und Erdenhüter«.

Werfen wir einfach einmal einen Blick nach draußen in die Welt. Wo behüten und beschützen wir die Welt, die Natur und die Schöpfung? Ist es nicht vielmehr so, dass wir in unserem kollektiven grenzenlosen Egoismus die gesamte Schöpfung ausbeuten und sie missbrauchen? Unsere Gier nach immer mehr macht vor nichts und niemandem halt. Und wir alle sind mit unserem ganz persönlichen Verhalten an diesem Wahnsinn beteiligt.

Hier werden wir vom Leben gefragt:

- Dienst du dem Leben oder deinem Egoismus?
- Bist du ein Hüter oder ein Ausbeuter?
- Fügst du dich ein in die natürlichen Rhythmen des Lebens?
- Dienst oder schadest du dem Leben, der Welt und der Natur?
- Bist du in der Liebe und Hingabe an die Schöpfung?

Die Liebe

Liebe ist nicht rational und vom Verstand her weder zu erfassen noch zu erklären. Liebe folgt keiner Logik, sie ist einfach.

Wir sind aufgefordert, mit unserem Herzen zu schauen und nicht mit unserem Verstand. Aus echter, tiefer Herzensweisheit und Herzenssicht lösen sich alle Widersprüche und Ungereimtheiten auf und verschmelzen wieder zu dem, was sie letztendlich sind – Ausdruck des Lebens und der Liebe, die hinter allem steht und alles durchdringt.

Liebe ist nichts Greifbares, kein Gegenstand, eher noch ein Zustand. Liebe ist nicht verstehbar, sondern nur erlebbar. Die meisten Menschen beschreiben Liebe als eine Emotion oder ein Gefühl. Aus spiritueller Sicht geht Liebe aber weit darüber hinaus. Sie ist das Grundprinzip der Schöpfung und dieses Universums. Sie ist der Baustoff, aus dem alles gemacht ist.

Die Liebe ist die feinstoffliche Energie, aus dem dieses Universum gewebt ist. Wir verwechseln unsere Gefühle und Emotionen oft mit Liebe, obwohl diese aus der Liebe heraus entstehen. Die meisten Emotionen tauchen dann auf, wenn wir nicht in der Liebe sind.

Liebe führt in eine innere Freiheit und Weite, in ein Verschmelzen und Auflösen des »Ich«. Sie ist nichts, was man wirklich geben oder bekommen kann, weil Liebe in ihrer wahren Form einfach ist, einfach da ist, unbegrenzt, unendlich. Sie steht allen Wesen zur Verfügung, weil sie die Grundsubstanz von allem ist. WIR SIND LIEBE!

Wenn uns das allgegenwärtig bewusst wäre und wir das auch in seiner ganzen Größe erfassen könnten, dann wären wir unmittelbar grenzenlos liebesfähig. Es gibt rein überhaupt nichts, das nicht aus Liebe gemacht ist, auch wenn es uns oft in Form des Schattens verzerrt und böse erscheint.

Hier stellt uns das Leben die Fragen:

- Erkennst du in allem die universelle Liebe?
- Wo bist du in deinem Leben in der Wertung und damit in der Trennung?
- Wo kannst du in deinem Leben bedingungslos lieben?

Deine Vision und deine Mission

Aus alldem, der persönlichen und überpersönlichen Lebensaufgabe und der Fähigkeit zur bedingungslosen Liebe, erwächst unsere persönliche Lebensvision, die alle Aspekte enthält. Wenn wir uns auf den Weg machen und in uns hineinlauschen, dann hören wir in uns und in unserem Herzen eine leise Stimme, die uns den Weg weist. Folgen wir ihr voller Vertrauen, dann führt sie uns zu unserer Vision. Aus dieser Vision dürfen wir dann unsere persönliche Mission entwickeln und in die Tat umsetzen. Wir beginnen, unsere Vision zu leben. Wir schenken der Welt all das, was wir mitgebracht haben, und bereichern so die Welt, die Menschen, die Schöpfung und uns selbst. Wir werden zu Dienern des Lebens und der Liebe.

Hier stellt uns das Leben die Fragen:

- Was ist deine Vision des Lebens?
- Wie setzt du deine Vision in eine Mission um?
- Wie lebst du in Liebe deine Mission in der Welt?

Praxis »Deine Vision und Bestimmung«

Beantworte zunächst schriftlich die folgenden Fragen zu deinem Zugang zu deiner Vision. Schreibe dir einfach auf, was dir dazu in den Sinn kommt, ohne groß darüber nachzudenken oder gar zu werten:

- Hast du eine Vision von deinem Leben, die größer ist als deine persönlichen Bedürfnisse und Wünsche?
- Erkennst du darin deine dienende Position, und kannst du dich damit in den Dienst für das »Große Ganze« stellen?
- Erkennst du deine Gaben, Begabungen und deine Geschenke, die du auf dieser Lebensreise dabeihast und die du der Welt schenken willst?
- Lebst du deine Vision und setzt du sie in deiner persönlichen Mission bereits um?
- Sinn der Übung ist es zu erkennen, was deine Vision für dieses Leben ist und inwieweit du diese bereits in deinem Leben verwirklichst und umsetzt. Überlege dir auch, was du verändern kannst oder willst und welche Konsequenzen das für dich hätte.

Das Leben feiern

Jetzt wird das Leben zu einem Fest. Aus dem tiefen Wissen um unsere Aufgabe, unseren tieferen Sinn und unser Ziel gestalten wir alle Begegnungen und Beziehungen zu einer Feier des Lebens und der Liebe. Wir müssen nicht mehr aus der verletzten Position des Egos und des Boykotteurs heraus taktieren, betrügen, manipulieren und leiden, sondern sind in der Lage, uns ganz dem Leben hinzugeben. Unser altes, verletztes Ego verbrennt im Feuer der Transformation und macht Platz für das, was wir immer schon waren, sind und sein werden – reine, pure Energie, reine, pure bedingungslose Liebe.

Hier stellt das Leben keine Fragen mehr. Wir sind angekommen, und jenseits aller offenen Fragen haben wir die Antwort in uns gefunden: LIEBE.

Das Heilungsritual

Mache jetzt das Heilungsritual und nimm auch alles mit, was deinen Krieger des Herzens blockiert und deiner Vision im Wege steht. Wenn du mit deinem Ritual fertig bist, dann nimm dir noch einmal Zeit und spüre in dich hinein.

- Spürst du den Kontakt zu deinem Krieger des Herzens?
- Erkennst du deine Vision und Bestimmung?
- Spürst du dein Herzensfeuer?
- Weißt du jetzt, wofür du wirklich brennst?

Bevor du die nächste Übung beginnst, wiederhole das Heilungsritual immer wieder, bis du das Feuer in deinem Herzen spürst und bereit bist, deine Vision zu leben.

Zum Schluss schreibe dir in einer kurzen positiv formulierten Affirmation die Essenz aus dieser achten Reiseetappe auf, die für dich besonders wichtig ist und die dich weiter begleiten soll.

Reiseetappe 9: die innere Heilkraft aktivieren

Der Arzt verbindet deine Wunden.
Dein innerer Arzt aber wird dich gesunden.
Bitte ihn darum, so oft du kannst.

Paracelsus, schweizerisch-österreichischer Arzt, Alchemist, Astrologe, Mystiker und Philosoph (1493–1541)

Unsere moderne Gesellschaft gibt jährlich Milliarden von Euro für unser Gesundheitssystem aus. Die Pharmaindustrie steckt gleichzeitig riesige Summen in die Erforschung immer neuer Medikamente. Die technische Medizinindustrie liefert immer ausgefeiltere Diagnosesysteme und immer feinere medizinische Geräte. Nur eines ist uns bisher trotzdem nicht gelungen: Die Zahl der Kranken und der Krankheiten als solche ist nicht zurückgegangen. Letztendlich haben sich die Krankheitsbilder und aktuellen Volkskrankheiten im Laufe der Jahrhunderte nur verschoben. Es ist uns gelungen, mit Antibiotika und Impfstoffen eine ganze Reihe von ursprünglich tödlichen Krankheiten zurückzudrängen. Dafür sind aktuell die Zahlen von Allergien, Krebs, Herz-Kreislauf-Erkrankungen, Entzündungen, Diabetes, Burn-out, Depressionen usw. massiv angestiegen und tun es noch. Auch die Antibiotika – eine der erfolgreichsten Waffen der Schulmedizin – wirken immer öfter nicht mehr, und es tauchen mehr und mehr resistente Bakterienstämme auf. Ebenso tauchen vermehrt wieder alte, längst besiegt geglaubte Krankheiten in unserer Gesellschaft auf. Betrachten wir das ganze Geschehen mit etwas Abstand von einer spirituellen Warte aus, dann können wir feststellen, dass es in diesem Wettlauf der Medizin gegen die Krankheiten keinen Gewinner gibt.

Der innere Heiler

Nach schamanischer Auffassung werden wir krank, wenn wir den Kontakt zur inneren Weisheit verloren haben. In unserer Seele gibt es hierfür den Archetypen des inneren Heilers. Er ist diejenige Instanz, die die Zusammenhänge von Krankheit und Gesundheit kennt und die uns dabei unterstützt, gesund zu sein, zu bleiben oder wieder gesund zu werden. Mit ihm aktivieren wir unsere natürlichen Selbstheilungskräfte, und wenn wir dieser inneren Weisheit aktiv zuhören und in uns hineinlauschen, dann bekommen wir genau die richtigen Ratschläge, was wir für unsere Gesundheit tun können.

Die Heilkraft des Körpers und der Zellen

Unser materieller Körper ist ein einziges großes Wunderwerk. Ohne dass wir uns dessen bewusst sind, arbeiten unsere Systeme 24 Stunden ohne Unterbrechung, um alle Körperfunktionen aufrechtzuerhalten und um diese sinnvoll zu koordinieren. Unterschiedlichste hochintelligente Regelsysteme greifen ineinander und sorgen dafür, dass wir gesund bleiben bzw. wieder gesund werden. Eines der wichtigsten Systeme ist hierbei unser Immunsystem, das hochkomplex mit unterschiedlichsten Maßnahmen für unsere Gesundheit sorgt. Jede einzelne Zelle unseres Körpers trägt mit ihrem Funktionieren dazu bei, dass alle Körperfunktionen ungestört ablaufen können.

Nun brauchen unser Körper und unser Immunsystem aber bestimmte Voraussetzungen, um dauerhaft sinnvoll arbeiten und unsere Gesundheit gewährleisten zu können.

Hier kannst du dich selbst hinterfragen, ob du deinem Körper entsprechend gute Nahrung, genügend Flüssigkeit und genügend Bewegung gibst, ob du ausreichend entspannst, schläfst, liebevoll deinen Körper pflegst usw.

Die Heilkraft der Gedanken

Unsere Gedanken spielen eine wichtige Rolle, damit unsere innere Heilkraft optimal arbeiten kann. Wenn unsere Gedanken hauptsächlich um Krankheiten, Schwäche, Katastrophen und negative Dinge kreisen, dann schwächen wir damit unsere innere Heilkraft. Jeder einzelne Gedanke, den wir denken, erzeugt eine Schwingung und strahlt diese in die Außenwelt. Nach dem Resonanzgesetz und dem Spiegelgesetz ziehen wir damit die Dinge in unser Leben, an die wir permanent denken. Wenn wir also entsprechende Gedankenmuster pflegen und keine »Gedankenhygiene« betreiben, dann brauchen wir uns nicht zu wundern, wenn wir in irgendeiner Form krank werden oder nicht gesund werden. Hier sind wir also aufgefordert, unsere Gedanken mit Abstand zu betrachten und zu beobachten:

- Was denkst du den ganzen Tag?
- Sind es eher positive, freudvolle, liebevolle Gedanken?
- Oder denkst du eher über negative Dinge nach?
- Was denkst du über Gesundheit?

Wenn du dir ehrlich eingestehen musst, dass dein Denken eher gesundheitsschädlich ist, dann ist es sicherlich sinnvoll, deine Grundeinstellung zum Leben zu überprüfen und diese zu verändern. Hilfreich sind hier entsprechende Meditationstechniken, die deine Aufmerksamkeit auf deine Gedanken lenken, diese beobachten und durch positive Gedanken ersetzen. Eine Form ist beispielsweise die Meditation mit positiven Sätzen wie: »Mögen alle Wesen gesund sein, mögen alle Wesen glücklich sein.«

Die Heilkraft des Unterbewusstseins

Eine wesentliche Rolle spielt unser Unterbewusstsein und die darin abgespeicherten Glaubenssätze zum Thema Gesundheit.

Wenn wir hier Glaubenssätze wie zum Beispiel:

- »Ich bin immer krank.«
- »Ich darf nicht gesund sein.«
- »Ich bin ohnmächtig und kann nichts für meine Gesundheit tun.«
- »Ich habe kein Recht auf Gesundheit.«

abgespeichert haben, dann blockieren diese Ebene und die entsprechenden Glaubenssätze unsere innere Heilkraft. Glaubenssätze haben eine unglaublich starke Kraft und blockieren oft alle Versuche, etwas in unserem Leben zu verändern. Spüre also unbedingt in einer meditativen Atmosphäre in dich hinein, und überlege dir, ob du entsprechende Glaubenssätze abgespeichert hast.

Die Heilkraft des Glaubens

Wenn wir krank sind und wir nicht daran glauben, dass wir wieder gesund werden können, dann können wir auch nicht gesund werden. Wir halten dann an der Krankheit fest, und keine Verbesserung tritt ein. Der Spruch »Glaube versetzt Berge« trifft hier ganz besonders zu. So erleben wir bei Menschen mit einem unerschütterlichen Glauben an die Heilkraft, an die Gnade Gottes usw. immer wieder Wunder der Spontanheilung. Überprüfe also für dich, ob du an deine Heilung und Gesundheit glaubst oder ob dir der Glaube daran fehlt. Glauben kann man letztendlich nicht erlernen. Es ist eine innere Entscheidung, an was wir glauben und an was nicht. Wenn dir der Glaube fehlt, dann gehe in dich und überprüfe, woran es liegt. Mache dir klar, dass nur du dich selbst heilen kannst, niemand sonst. Hier bist du selbst aufgefordert, dich in den Arm zu nehmen, dich selbst zu lieben, dich selbst als wertvoll genug zu erachten und dir Gesundheit zuzugestehen.

Die Heilkraft der Gefühle

Unsere Gefühle existieren nicht isoliert und alleine in uns. Jedes Gefühl und jede Grundstimmung ist gekoppelt an Gedanken, innere Einstellungen und Überzeugungen, an unsere Glaubenssätze, unsere Erlebnisse und unsere entsprechenden

Bewertungen und an das, was wir glauben. Fühlen wir uns stark, mutig, voller Liebe und Neugierde auf das Leben, spüren wir unsere Schöpferkraft, unsere innere Macht, unsere Fähigkeit zur Selbstheilung, fühlen wir uns rundherum wohl, dann fördern wir damit unsere Gesundheit. Nun können wir aber unsere negativen Gefühle nicht einfach wegzaubern. Hier müssen wir achtsam die entsprechenden Verbindungen erforschen.

- Welche Gedanken, Glaubenssätze usw. speisen und nähren dieses Gefühl?
- Was habe ich erlebt, wodurch dieses Gefühl entstanden ist?

Verändern wir unsere zugrunde liegenden Muster, dann verändert sich auch unser Gefühl. Auch hier hilft unsere Heldenreise und das Heilungsritual, um alte Verbindungen zu entkoppeln, Frieden zu finden mit den auslösenden Situationen und Platz zu schaffen für neue Verbindungen und förderliche Gefühle.

Die Heilkraft des Energiekörpers

Unserem Energiekörper begegnen wir in einer weiteren Reiseetappe (Seite 198 ff.). Hier sei nur darauf hingewiesen, dass dessen Zustand einen grundlegenden Einfluss auf unser

Wohlbefinden hat. Sind in unserer Aura zum Beispiel Blockaden und negative Erinnerungen abgespeichert und ist der Energiefluss blockiert, dann fördert das krankmachende Muster und blockiert so auch unsere innere Heilkraft. Näheres dazu später.

Die Heilkraft der Individualseele und der Ahnenseele

Die stärkste Heilkraft in uns aktivieren wir, wenn wir unsere Ahnenseele und unsere Individualseele verbinden und alle Blockaden in deren Energiefluss auflösen und bereinigen. Genau aus diesem Grund machen wir unsere Heldenreise. Das ganze Buch handelt davon, und wenn du diesen Weg konsequent gehst, dann förderst du damit deine Gesundheit und deine innere Heilkraft. Dein innerer Heiler bekommt so die bestmögliche Unterstützung, um mit seiner ganzen Kraft und Weisheit für deine Gesundheit zu arbeiten.

Die innere Heilkraft braucht unsere Unterstützung

Manche Menschen haben die im Volksmund so genannte Rossnatur. Egal was sie tun oder unterlassen, sie werden nicht krank, sondern erfreuen sich bester Gesundheit. Sie sind robust, und ihre Grundkonstitution erlaubt es ihnen, gegen sämtliche Regeln der Gesundheitsvorsorge zu verstoßen, ohne dass ihnen das irgendetwas ausmacht. So gibt es immer wieder Menschen, die rauchen und saufen, sich kaum bewegen, ununterbrochen essen und übergewichtig sind, keinerlei gesunden Schlaf-Wach-Rhythmus haben usw. und trotzdem bis ins hohe Alter fit und gesund bleiben. Leider trifft das für die Masse der Menschen aber nicht zu. So finden wir alle Facetten von der Rossnatur bis hin zu Menschen, die bereits durch kleinste Verstöße gegen grundlegende Gesundheitsregeln krank werden.

Hier zu hadern, bringt gar nichts, und unabhängig davon, welche Grundkonstitution wir mit in dieses Leben gebracht haben, können wir davon ausgehend immer nur das Beste für uns und unser Leben daraus machen.

Falls du also zu denen gehörst, die immer gesund sind, dann sei dankbar und erfreue dich an deiner Gesundheit. Vielleicht willst du ja trotzdem deine Lebensqualität noch weiter verbessern und findest Gefallen an einem »gesünderen Leben«. Niemand weiß, wie unser Gesamtsystem auf unsere jetzigen Gesundheitssünden reagiert und was die Zukunft bringen wird.

Die Basis der Gesundheit

Die Basis der Gesundheit und der Gesunderhaltung sind …

- … eine gesunde, ausgewogene Ernährung.
- … genügend Flüssigkeitszufuhr.
- … ausreichend Bewegung.
- … frische, gesunde Luft zum Atmen.
- … ein Wechsel von Anspannung und Entspannung.
- … gesunde Grundrhythmen.
- … Gelassenheit, Zufriedenheit und Dankbarkeit.
- … Selbstliebe, Selbstachtung und Nächstenliebe.
- … eine positive Lebenseinstellung.

Wer wie viel von was braucht, ist sehr individuell und kann nicht verallgemeinert werden. Der eine braucht mehr Schlaf, der andere weniger. Was den einen nährt, ist für den nächsten bereits zu viel und macht krank. Hier ist jeder eingeladen, ehrlich zu sich selbst zu sein und seinen eigenen, individuellen Weg zu gehen.

Wichtig ist aus Sicht der Nächstenliebe, auch unsere Mitgeschöpfe nicht zu vergessen. Wir alle sind aufgefordert, uns über die Herstellung unserer Nahrung und die damit verbundene Zerstörung unserer Umwelt Gedanken zu machen und entsprechend unser Konsumverhalten zu verändern. Wer Fleisch isst, könnte sich dementsprechend über die Haltungsbedingungen der Tiere Gedanken machen, die er isst. Wer hier nur gedankenlos konsumiert, der ist nicht in der Liebe, sondern im puren Egoismus gefangen. Dass das nicht der Weg der Heldenreise ist, sollte inzwischen klar geworden sein.

Das Leben und die Fürsorge für sich selbst sollten mit Liebe und Freude geschehen und nicht zu einem verbissenen Kampf verkommen. Es geht nicht darum, sich zu kasteien oder ein asketisches Leben zu führen. Es geht um unsere Verantwortung für uns selbst und für die gesamte Schöpfung und natürlich wieder um Selbstliebe. Wir sind verantwortlich für unsere Gesundheit, und wenn wir krank sind, für den Prozess, wieder gesund zu werden.

Wenn wir nur über unsere schlechte Gesundheit jammern, dann hilft das leider niemandem weiter. Wir machen uns damit zum Opfer, gehen nicht in unsere Schöpferkraft und verschwenden nur unnötig Energie, die wir weit sinnvoller einsetzen können, indem wir uns überlegen, was wir verändern können, damit es uns besser geht.

Weniger ist mehr

Gerade wenn es um Gesundheit geht, gilt der Spruch aus dem Volksmund »Weniger ist oft mehr« ganz besonders.

Wir essen zu viel, haben zu viel Stress, arbeiten zu viel, konsumieren zu viel, werfen uns gedankenlos zu viel Medikamente ein, manche übertreiben es mit dem Sport, mit

Wellness, mit Selbstoptimierung usw. in der Hoffnung, damit gesünder zu werden. Manch fanatische Ernährungsapostel wollen uns einreden, dass nur dieser eine Weg – und davon möglichst viel – der richtige und allgemeingültige ist. Dabei ist es viel wichtiger, das rechte Maß zu finden. Sinnvolle Fastenperioden, die mit guter, maßvoller Ernährung abwechseln, sind häufig besser und fördern die Gesundheit mehr als radikale, einseitige Diäten. Moderate Bewegung fördert eher die Gesundheit als überzogener Leistungssport. Maßvoller Genuss streichelt unsere Seele und tut uns oft gut im Gegensatz zum exzessiven Konsum von Genussmitteln.

Wie gesagt, jeder ist hier selbst aufgefordert, sich ehrlich zu überprüfen und sein eigenes, individuelles Maß zu finden.

Praxis »Die innere Heilkraft aktivieren«

Beantworte schriftlich die folgenden Fragen zu deinem Umgang mit deiner inneren Heilkraft:

- Ist dir bewusst, welches Wunder der Heilung und der Gesunderhaltung in jedem Moment in dir stattfindet?
- Hast du einen Bezug zu deiner inneren Heilkraft?
- Tust du genügend dafür, dass deine innere Heilkraft optimal arbeiten kann?
- Ernährst du dich gesund?

Gibst du deinem Körper, deinem Geist und deiner Seele den notwendigen Wechsel von Aktivität, Anregung, Reiz, Passivität, Erholung und Pausen?

Gibt es Verhaltensweisen, mit denen du dir selbst schadest?

Welche sind das?

Was kompensierst du damit, welche innerseelischen Themen schaust du dir also nicht an?

Welche Lebensbereiche brauchen mehr Unterstützung und Aufmerksamkeit, damit du dich gesund, fit und wohlfühlst und deine innere Heilkraft optimal arbeiten kann?

Hast du einen Bezug zu deinem archetypischen innerseelischen Heiler?

Sinn der Übung ist es, dir Klarheit zu verschaffen, ob du deine Heilkraft unterstützt und aktiv nutzt und inwieweit deine innere Heilkraft aktiv ist. Überlege dir auch, was du verändern kannst oder willst und welche Konsequenzen das für dich hätte.

Das Heilungsritual

Mache jetzt das Heilungsritual und nimm auch alles mit, was deine innere Heilkraft einschränkt oder blockiert. Wenn du mit deinem Ritual fertig bist, dann nimm dir noch einmal Zeit und spüre in dich hinein.

- Spürst du die Verbindung zu deiner inneren Heilkraft?
- Bist du bereit, alles Notwendige für deine Gesundheit und für deine innere Heilkraft zu tun?

Bevor du die nächste Übung beginnst, wiederhole das Heilungsritual immer wieder, bis du ein klares, eindeutiges Ja zum Gesundsein und zum Gesundwerden in dir spürst.

Zum Schluss schreibe dir in einer kurzen positiv formulierten Affirmation die Essenz aus dieser neunten Reiseetappe auf, die für dich besonders wichtig ist und die dich weiter begleiten soll.

Reiseetappe 10: das Energiefeld heilen

Es lehren alte wie neue Erfahrungen,
dass man mit größerer Sicherheit sein Ziel erreicht,
wenn man die Energie
mit der größeren Klugheit verbindet.

Camillo Benso Graf Cavour,
italienischer Staatsmann
(1810–1861)

Wollen wir in allen Lebensbereichen optimal in Verbindung und Austausch mit unserer Umwelt treten, dann ist es notwendig, dass unser feinstoffliches Energiesystem uneingeschränkt kraftvoll und weise agieren kann. Liegen hier Störungen, Blockaden, Schwächen oder auch ein Zustand der Überenergie vor, dann funktioniert dieser Austausch nicht optimal und führt zu Energielosigkeit oder zu Überenergie und hektischer Aktivität, Stress und Überforderung. Dies wiederum kann zur Entstehung und Aufrechterhaltung von Krankheiten führen und beitragen.

Das feinstoffliche menschliche Energiesystem

Das Energiesystem des Menschen ist so wie alles Existierende vielschichtig und multidimensional. Drei Hauptkomponenten bestimmen unser Energiefeld:

- die Aura
- die Chakras
- die Energiebahnen

Mit unserer normalen Alltagswahrnehmung können wir weder unsere Aura noch unsere Chakras oder die Energiebahnen sehen. Es gibt aber Techniken, durch die wir unsere Wahrnehmung so verändern und schärfen können, dass diese Energien für uns sichtbar oder spürbar werden.

Alle drei Teilbereiche arbeiten eng zusammen und sorgen dafür, dass unser feinstofflicher Energieaustausch von innen nach außen und umgekehrt reibungslos funktioniert.

Wir beschäftigen uns hier nicht weiter mit den Energiebahnen, da deren optimales Funktionieren aus der schamanischen Sicht entscheidend vom Zustand der Chakras und der Aura abhängig ist.

Durch schwache oder blockierte Chakras oder Chakras mit einem zu hohen Energieniveau oder durch eine schwache, blockierte Aura oder durch eine Aura mit zu viel Energie können sich körperliche, geistige, psychische, seelische und energetische Probleme ergeben. Praktisch alle Lebensbereiche können davon betroffen sein. Umgekehrt können Probleme in anderen Bereichen unseres Seins zu Blockaden und Schwächen oder zu einem Zustand der Überenergie im Chakrasystem und in der Aura führen. So bedingt sich alles, tritt in Wechselwirkung und zeigt auf unterschiedlichen Ebenen Grundprobleme unseres Seins auf.

Die Aura

- Die Aura umgibt uns wie eine farbige, wolkenartige, mehrschichtige und eiförmige Hülle.
- Sie besteht aus mehreren Schichten, die wiederum unterschiedlich stark ausgeprägt sein können.
- Das Energiegebilde ist nicht statisch, sondern pulsiert, dehnt sich aus, zieht sich wieder zusammen und leuchtet in verschiedenen Farben, die sich je nach Stimmung und Zustand des Menschen ändern.
- Die Reichweite der Aura um den Körper beträgt zwischen 30 Zentimeter und einem Meter.
- Die Aura verteilt die durch die Chakras herein- und hinausfließende Energie.
- Sie steht einerseits in ständigem Kontakt mit der Welt und

den Energien um uns herum und ist andererseits über die Chakras in direktem Austausch mit unserer Seele.

- Sie ändert andauernd ihre Farbe, Form und Ausdehnung mit unseren wechselnden und sich ständig wandelnden Gedanken- und Gefühlsströmen.
- Jede Form von Blockaden, Problemen und Verletzungen hinterlässt ihre Spuren auch in der Aura und speichert sich dort ab. In solchen Bereichen wird der Energiefluss langsamer, schneller oder ist dort völlig erstarrt, und die Farbe ist meist deutlich verändert oder verwaschen.

Über Auradiagnostik ist es möglich, auf den gesundheitlichen Zustand und die derzeitige Verfassung eines Menschen zu schließen. Im Schamanismus arbeiten die Schamanen mit unterschiedlichen Extraktionstechniken und Ritualen in der Aura, um Blockaden zu lösen und einen harmonischen Energiefluss wiederherzustellen.

Praxis zur Aura

Beantworte schriftlich die folgenden Fragen zu deinem Umgang mit deiner Aura. Schreibe dir einfach auf, was dir dazu in den Sinn kommt, ohne groß darüber nachzudenken oder gar zu werten:

- Hast du ein Gefühl für den Raum, den deine Aura um dich bildet?
- Gibt es Stellen in deiner Aura, die du als schwach oder blockiert empfindest?
- Ist dir bewusst, dass deine Aura den Raum definiert, den du dir selbst als deinen persönlichen Eigenraum zugestehst?
- Nimmst du dir immer den Eigenraum, den du brauchst?
- Setzt du klare Grenzen in deinem Leben, die dir entsprechen?
- Sind diese Grenzen flexibel und lebendig oder starr oder vielleicht gar nicht vorhanden?
- Lässt du immer wieder zu, dass andere deinen Eigenraum verletzen und über deine Grenzen trampeln?
- Kümmerst du dich regelmäßig um den energetischen Zustand deiner Aura?

Sinn der Übung ist es zu erkennen, inwieweit du ein Gefühl für deine Aura hast und ob diese an manchen Stellen oder in bestimmten Lebensbereichen blockiert ist oder ob sie flexibel und im freien Energiefluss auf die Anforderungen des Lebens reagieren kann. Überlege dir auch, was du verändern kannst oder willst und welche Konsequenzen das für dich hätte.

Die Chakras

Falls du schon andere Bücher von mir gelesen und du dich intensiv mit den Chakras auseinandergesetzt hast, dann kannst du die folgenden Seiten einfach überfliegen und gleich zum praktischen Teil (Seite 209 f.) übergehen.

Chakras sind Bewusstseinszentren im menschlichen Körper, die ihren Ursprung im feinstofflichen Energiesystem des Menschen haben. Sie durchstrahlen jedoch auch entsprechend ihrer Lage den physischen Körper. Das bekannteste Chakrasystem stammt aus der indischen Philosophie mit den sieben Hauptchakras, die entlang unserer Wirbelsäule den Scheitelpunkt des Kopfes mit dem tiefsten Punkt des Steißbeins verbinden. Viele spirituelle Lehren und Geistheiler arbeiten mit diesen Energien. Im Schamanismus wird oft mit neun Hauptchakras gearbeitet, und in traditionellen Schriften wird manchmal von mehreren tausend Chakras berichtet.

Die Eigenschaften und Aufgaben der Chakras

Der Begriff »Chakra« stammt aus dem Sanskrit, der altindischen Gelehrtensprache, und bedeutet »Rad« oder »Wirbel«. Wir können uns ein Chakra also als eine Art Energiewirbel oder Energierad vorstellen. Die Chakras entspringen entlang der Wirbelsäule und öffnen sich trichterförmig nach außen. Dabei durchdringen sie die menschliche Aura und versorgen diese mit Energie.

Sie verbinden unsere Aura, unsere Seele, unsere Innenwelt und unser ganzes Energiesystem mit der Außenwelt.

Sie beeinflussen die Zellen, die Organe und das gesamte Hormonsystem und wirken sich auf die Gedanken und Gefühle aus. Sie sind also auch psychoenergetische Zentren. Die Energietrichter befinden sich in einer ständigen Drehbewegung und geben je nach unserer momentanen Verfassung Energie nach innen oder Energie nach außen ab. Über die Chakras stehen wir also in einem ständigen Austausch mit unserer Umwelt. Sie ziehen Energie von außen an und verteilen diese im feinstofflichen Körper. Sie nehmen Energien aus der Natur, aus der Aura der Pflanzen, der Tiere und Mitmenschen, aus der Sonne, dem Mond, den Gestirnen, ja dem ganzen Kosmos auf. Ebenso lassen die Chakras die kosmische Lebensenergie in den ganzen Menschen hineinstrahlen.

Jedes Chakra bildet den Mittelpunkt für Tausende von feinstofflichen Energiebahnen, über die Energie in den ganzen Körper weitergeleitet wird. Somit dienen die Chakras als Transformationszentren, in denen die aufgenommene Energie gesammelt, umgewandelt und für körperliche, seelische und geistige Prozesse zur Verfügung gestellt wird.

Jede Schwäche, Unsicherheit und Blockierung zeigt sich in uns auch im Energiezustand eines oder mehrerer unserer Chakras. Keines dieser Zentren ist wichtiger, besser oder schlechter. Sie arbeiten alle miteinander und bedingen sich gegenseitig. Die Chakras werden traditionell bestimmten Farben, Symbolen, Mantras (Klanglaute), Elementen und Gottheiten zugeordnet, die den energetischen Schwingungsfrequenzen dieser Chakras jeweils entsprechen. Alle Chakras sind gleich wichtig. Wir können unser volles Potenzial nur dann ausschöpfen, wenn alle Chakras optimal entwickelt sind.

Bei der Arbeit mit den Chakras geht es nicht darum, dass alle Energiezentren in eine Richtung drehen und alle das gleiche Energieniveau haben. Das wäre grundlegend falsch. Es entspricht überhaupt nicht unserem Leben und würde uns als individuellen Wesen nicht gerecht werden. In der Realität zeigen sich je nach Entwicklungsstand, Tagesform und aktuellen Themen manche Chakras energievoller, andere schwächer. Je nachdem, ob sie Energie aufnehmen oder abgeben, drehen sie rechts- oder linksherum.

Die Bedeutung der Hauptchakras

- Das erste Chakra – Wurzelchakra

liegt am Ende des Steißbeins zwischen den Geschlechtsorganen und dem Anus. Der Energietrichter ist senkrecht nach unten gerichtet und verbindet unsere Seele und unsere Aura mit Mutter Erde. Das erste Energiezentrum erscheint in roter

Farbe. Es hat einen engen Bezug zu unserer grundlegenden Lebensenergie. Hier ist unser Wille zum Leben beheimatet. Es sorgt für die nötige Energie, um unseren Selbsterhaltungstrieb aufrechtzuerhalten, und lässt die Energie fließen, die uns Urvertrauen in das Leben schenkt. Hier sind wir über Energiefäden, die uns tief in der Erde verwurzeln, mit der urweiblichen Energie der Erde verbunden.

- Das zweite Chakra – Sakralchakra

liegt zwei bis vier Fingerbreit unter dem Nabel und hat einen Energietrichter waagrecht nach vorne und einen weiteren waagrecht nach hinten. Es erscheint in oranger Farbe. Dieses Zentrum hat eine direkte Beziehung zum Sexualtrieb, zur Arterhaltung und zur Fortpflanzung. Alle vom Triebzentrum gesteuerten und noch nicht ausgereiften Gedanken und Emotionen finden hier ihren Ausdruck. Unsere im ersten Chakra fließende grundlegende Energie erfährt hier eine Differenzierung und beginnt sich zu verzweigen. Im zweiten Chakra drücken sich auch unsere Vitalität und Lebensfreude aus.

- Das dritte Chakra – Solarplexuschakra

liegt in der Mitte zwischen Bauchnabel und dem unteren Ende des Brustbeins. Es hat einen Energietrichter waagrecht nach vorne und einen weiteren waagrecht nach hinten. Es erscheint in gelber Farbe. Hier richtet sich unsere Willenskraft nach außen, unsere Fähigkeit, uns durchzusetzen und uns abzugrenzen, tritt in Erscheinung. Es findet eine weitere Differenzierung der grundlegenden Lebensenergie statt. Unser Ich-Bewusstsein entwickelt sich, unsere Gedanken und Gefühle werden sensibler und feiner. Unsere Persönlichkeit beginnt zu strahlen, und unsere Lebensfreude erfährt immer mehr an Tiefe.

- Das vierte Chakra – Herzchakra

liegt mittig in Höhe des Herzens und hat einen Energietrichter waagrecht nach vorne und einen weiteren waagrecht nach hinten. Es erscheint in grüner Farbe. Hier fließt unsere wirkliche Energie von Liebe, Mitgefühl, Menschlichkeit, Güte, Zuneigung, Selbst- und Nächstenliebe. Wir werden empfindungsfähig und entwickeln ein Gespür für unseren Eigenraum und für unsere innere Freiheit.

- Das fünfte Chakra – Halschakra

liegt in Höhe des Kehlkopfes und hat einen Energietrichter waagrecht nach vorne und einen weiteren waagrecht nach hinten. Es erscheint in blauer Farbe. Hier fließt die Energie, mit der wir unsere Persönlichkeit ausdrücken und mit anderen kommunizieren. Im fünften Chakra können wir unsere innere Wahrheit und die Kraft unserer Gedanken, Gefühle und unseres Herzens verbal vermitteln.

- Das sechste Chakra – Stirnchakra

liegt in der Mitte der Stirn etwas oberhalb der Augenbrauen

und hat einen Energietrichter waagrecht nach vorne und einen weiteren waagrecht nach hinten. Es erscheint in indigoblauer bzw. violetter Farbe. Über dieses Zentrum fließen die Kraft unserer Fantasie und unsere Fähigkeit zum Träumen, und wir können die feinstoffliche Welt wahrnehmen. Deshalb wird es auch als drittes Auge bezeichnet. Hier drückt sich unsere Weisheit und Intuition aus, und wir sind fähig zu Erkenntnis und Selbsterkenntnis. So können wir die Gesetzmäßigkeiten des Universums verstehen und erhalten Zugang zu unserem Potenzial als schöpferisches Wesen.

- Das siebte Chakra – Kronenchakra

liegt am höchsten Punkt des Kopfes, dem Scheitelpunkt, und hat einen Energietrichter nach oben. Es erscheint in violettweißer Farbe. Hier verlassen wir die stoffliche Ebene. Das Zentrum ist unser Transformationstor und das Tor zum achten und neunten Chakra und damit zu unserem höheren Bewusstsein und zum All-Bewusstsein. Hier öffnet sich das Tor, das echte Spiritualität und Erleuchtung ermöglicht. Im siebten Chakra können wir unseren Lebensweg in ganzer Hingabe an den höheren Willen vollenden.

Die sieben Hauptchakras repräsentieren psychologische Grundmuster. Wichtig für unsere menschliche Entwicklung ist es, diese Zentren in ein harmonisches Miteinander zu führen, ohne Blockaden und im freien Fluss der Energien. Bei den meisten Menschen dominieren ein oder mehrere Chakras über die anderen, und diese Dominanz zeigt sich in typischen psychologischen Grundmustern.

Durch die schrittweise Aktivierung können wir einen Weg gehen, der uns in das All-Bewusstsein und zur Erleuchtung führt. Anhand der einzelnen Energiezentren besitzen wir gleichzeitig eine Landkarte, wohin dieser Weg führt.

Praxis Chakras

Beantworte schriftlich die folgenden Fragen zu deinen Chakras. Schreibe dir einfach auf, was dir dazu in den Sinn kommt, ohne groß darüber nachzudenken oder gar zu werten:

- Wie geht es dir mit deiner grundlegenden Lebensenergie (Chakra 1)?
- Spürst du Urvertrauen in das Leben (Chakra 1)?
- Fühlst du dich geerdet (Chakra 1)?
- Empfindest du Vitalität und Lebensfreude (Chakra 2)?
- Hast du eine erfüllende Sexualität (Chakra 2)?
- Wie geht es dir mit deiner Durchsetzungsfähigkeit (Chakra 3)?
- Kannst du deinen Eigenraum spüren und dich abgrenzen (Chakra 3)?
- Bist du zu Liebe, Mitgefühl und Menschlichkeit fähig (Chakra 4)?

- Bist du innerlich frei (Chakra 4)?
- Kannst du dich und deine Persönlichkeit ausdrücken (Chakra 5)?
- Vermittelst du verbal deine innere Wahrheit (Chakra 5)?
- Hast du Zugang zu deiner Fantasie und zu deinen Träumen (Chakra 6)?
- Kannst du die feinstoffliche Welt hinter der sichtbaren Realität wahrnehmen (Chakra 6)?
- Gehst du einen Weg der Selbsterkenntnis und spürst du deine Schöpferkraft (Chakra 6)?
- Hast du einen Zugang zu deinem höheren Bewusstsein? (Chakra 7)?
- Haben die Spiritualität und der Erleuchtungsgedanke Platz in deinem Leben (Chakra 7)?

Sinn der Übung ist es zu erkennen, inwieweit du ein Gefühl für deine Chakras hast, ob diese optimal für dich und die entsprechenden Lebensthemen arbeiten oder ob Blockaden oder Überenergien vorliegen. Überlege dir auch, was du verändern kannst oder willst und welche Konsequenzen das für dich hätte.

Die Kundalini-Energie

In östlichen Lehren und im Yoga wird immer wieder von der Kundalini-Energie gesprochen. Kundalini ist dabei die Energie des Universums, die in uns Menschen wohnt. Es ist die Manifestation der göttlichen Mutter im Menschen und die höchste schöpferische Kraft im Universum. Es handelt sich um die göttliche, intelligente Energie, aus der dieses ganze Universum besteht. Eine dauerhafte Erweckung der Kundalini-Energie im Menschen entspricht dabei der Erleuchtung.

Nach yogischer Lehre schlummert die Kundalini-Energie, die durch eine Schlange symbolisiert wird, im Beckenbereich im ersten Chakra und wartet dort auf ihre Erweckung.

Diese kann allerdings nur vollständig geschehen, wenn alle Chakras gereinigt und voll funktionsfähig sind und unsere feinstoffliche Wirbelsäule als Kanal für die Kundalini-Energie fungieren kann. Wenn alle Voraussetzungen gegeben sind, erwacht die Schlange und steigt entlang der Wirbelsäule empor bis in das siebte Chakra.

Hier spielt die Zirbeldrüse eine wichtige Rolle, weil sie das Tor zum All-Bewusstsein öffnet, und wenn diese funktionsfähig ist, was nur selten der Fall ist, dann verbindet sich unser Energiekörper mit dem achten und neunten Chakra und wir erlangen Zugang zum All-Bewusstsein oder anders ausgedrückt – die Energie des Universums, die in uns Menschen wohnt, verbindet sich wieder mit der All-Energie des Universums.

Wir Menschen sind alle auf dem Weg, über die Erfahrungen und Erkenntnisse, die wir hier auf der Erde in unseren Inkarnationen machen, diesen Weg nach Hause zu gehen. Auch wenn uns das im Alltag oft nicht bewusst ist und andere, ganz weltliche Themen viel wichtiger erscheinen, so trägt unsere Seele trotzdem dieses Wissen in sich und erinnert uns immer wieder daran, was wirklich wichtig ist.

Das Räucherritual

Durch das Räuchern bestimmter Stoffe erhalten wir Unterstützung, Hilfe und Schutz für unser Anliegen. Wollen wir unser Energiesystem klären und mit Räucherstoffen reinigen, neu ausrichten, Blockaden lösen und die Abgrenzungs- und Schutzfunktion aktivieren und stärken, dann können wir dies mit der Verwendung ganz bestimmter Räuchermischungen tun. Für unser Räucherritual brauchst du folgende Mischungen (Bezugsquelle Seite 254):

Reinigung: Damit reinigen wir das Energiefeld und lösen Blockaden.

Zentrierung: Damit richten wir unser Energiefeld neu aus, sodass wir zentriert aus unserer Mitte heraus agieren können.

Schutz: Damit schaffen wir uns einen geschützten, sicheren Raum, und dieser drückt sich in unserer Aura und in unseren Chakras aus.

Segen: Damit verbinden wir unser Energiefeld mit dem

Segen des Universums und verbinden es mit der göttlichen Weisheit.

Dein Räucherritual kannst du wie im Folgenden beschrieben gestalten. Wir gehen hier allgemein vor und unterscheiden nicht zwischen einzelnen Auraschichten oder -abschnitten oder zwischen den einzelnen Chakras. Falls du mit einzelnen Bereichen oder mit bestimmten Chakras Probleme hast, dann gehe mit deiner Aufmerksamkeit gezielt dorthin und stelle dir jeweils vor, dass die entsprechende Räuchermischung genau dort die entsprechende Wirkung entfaltet:

- Sorge dafür, dass du für ca. 30 Minuten ungestört bist.
- Entzünde in einem geeigneten, mit Sand gefüllten Gefäß oder auf einem Räucherstein eine Räucherkohle und warte, bis sie gut glüht.
- Wenn du magst, zünde eine Kerze an und lege eine Meditationsmusik auf, die dir gefällt.
- Stelle das Räuchergefäß auf den Boden. (Achte auf den Untergrund, damit dieser nicht zu heiß wird.)
- Lege die erste Räuchermischung (Reinigung) auf (bitte sparsam dosieren).
- Stelle dich dann direkt über das Räuchergefäß.
- Lass dich vom Rauch für ein paar Minuten einhüllen.
- Gehe mit deinem Bewusstsein zunächst einfach in den Raum deiner Aura, und stelle dir vor, wie die Mischung ihre Wirkung entfaltet und dich reinigt.

- Dann lege der Reihe nach die nächsten Räuchermischungen (Zentrierung, Schutz, Segen) auf.
- Wichtig ist, dass du mit deiner Aufmerksamkeit ganz bei dir und deinem Ritual bist und du dir vorstellst, dass dein ganzes Energiesystem je nach gerade aufgelegter Räuchermischung gereinigt, zentriert, geschützt und gesegnet wird.

Schreibe dir nach dem Räucherritual auf, was du fühlst und welche Gedanken dir in den Sinn kommen.

Lösche nach dem Räucherritual die Kohle gut, damit keine Brandgefahr besteht. Du kannst sie zum Beispiel im WC entsorgen oder sie mit Wasser im Waschbecken ablöschen.

Das Heilungsritual

Mache jetzt das Heilungsritual und nimm alles mit, was dein Energiefeld blockiert und hemmt und dich daran hindert, im Hier und Jetzt zu sein, und deinen energetischen Austausch mit der Umwelt einschränkt. Wenn du mit deinem Ritual fertig bist, dann nimm dir noch einmal Zeit und spüre in dich hinein.

- Spürst du das Vibrieren deines Energiefeldes?
- Bist du bereit, ab jetzt deine Aura und deine Chakras regelmäßig zu aktivieren und zu reinigen?

Bevor du die nächste Übung beginnst, wiederhole das Heilungsritual immer wieder, bis du das Gefühl hast, dass dein Energiefeld harmonisch und frei schwingt und keine Blockaden mehr vorhanden sind.

Zum Schluss schreibe dir in einer kurzen positiv formulierten Affirmation die Essenz aus dieser zehnten Reiseetappe auf, die für dich besonders wichtig ist und die dich weiter begleiten soll.

Reiseetappe 11: das Zellgedächtnis heilen

Tu deinem Leib etwas Gutes,
damit deine Seele Lust hat, darin zu wohnen.

Teresa von Ávila,
Mystikerin und Kirchenlehrerin
(1515–1582)

Alle Lebewesen sind aus mindestens einer Zelle aufgebaut. Höher entwickelte Lebensformen bestehen aus einer Vielzahl von Zellen. In ihrer Grundstruktur und im Aufbau sind die meisten Zellen ähnlich. Hochkomplexe lebende Systeme wie der Mensch sind nur lebensfähig und funktionieren nur durch diese intelligente und soziale Zusammenarbeit der einzelnen Zellen. Unsere Zellen benötigen für ihre Arbeit neben Sauerstoff, den wir über die Atmung zu uns nehmen, drei grundlegende Stoffe für ihre Arbeit: Proteine (Eiweiße), Fette und Kohlenhydrate (Zucker). Mithilfe von Mineralstoffen, Spurenelementen und Vitaminen sowie Botenstoffen und Enzymen ist der Körper in der Lage, all die wichtigen Lebensprozesse zu steuern.

Damit in unseren Zellen also die physiologischen Prozesse reibungslos ablaufen, ist ein gesunder Körper notwendig, und wir müssen ihm die benötigten Ausgangsstoffe für die Synthese der notwendigen Grundstoffe über die Nahrung und die Atmung liefern. Atmen wir zu wenig oder zu flach, so wie das bei uns viele Menschen tun, fehlt der Sauerstoff. Ernähren wir uns einseitig und grundlegend falsch, kommt es oft zu einer Verschlackung im Zwischenzellgewebe und in der Zelle selbst, sodass die Stoffe gar nicht mehr zur Zelle gelangen. Gleichzeitig sind die Aufnahme- und Transportprozesse gestört, was wiederum zur Verschärfung der Situation beiträgt. Hier sehen wir wieder, wie wichtig eine gesunde Lebensführung ist.

Die Symbiose mit den Bakterien

Zusätzlich zu unseren eigenen menschlichen ca. 50–100 Billionen einzelnen Zellen leben wir in Symbiose mit einer Vielzahl von Bakterien. Dabei übersteigt die Anzahl der Bakterienzellen unsere eigenen Köperzellen bei weitem. Grob geschätzt haben die Bakterien ca. 150-mal mehr Gene, als wir selbst an menschlichen Genen haben. Der Mensch ist also im Prinzip ein Ökosystem, das viele verschiedene Bakterien beheimatet, die ganz unterschiedliche Aufgaben im Gesamtsystem übernehmen. Sie spalten unverdauliches Essen auf, bauen Gifte und Medikamente ab, trainieren das Immunsystem und produzieren eine Reihe von Stoffen, die wir benötigen. Dabei hat jeder Mensch seine ganz ureigene Sammlung von Bakterien, woraus es theoretisch möglich wäre, einen ganz individuellen bakteriellen Fingerabdruck zu nehmen.

Nun stellt sich die Frage, woraus sich dann eigentlich unser »Ich« bildet, wenn wir erst durch so viele körperfremde Zellen als eigenständiger Gesamtorganismus lebensfähig werden und wir ohne diese Symbiose sofort sterben würden. Hier zeigt sich die unermessliche Intelligenz der Natur und von biologischen Systemen. Erst durch Kooperation und Zusammenarbeit entsteht die Grundlage für höhere Lebensformen. Gäbe es diese Zusammenschlüsse nicht, die wir überall in der Natur finden, hätte sich das Leben nicht über ein paar primitive Formen hinaus entwickeln können. Wir können diese Zusammenarbeit wiederum als Spiegel für unsere eigene Fähigkeit nehmen, authentisch und ehrlich mit anderen Menschen und allen Lebewesen zusammenzuarbeiten und gemeinsam zum Wohle aller zu arbeiten und zu leben.

Das Zellgedächtnis

Unsere Körperzellen bilden einen ganz eigenen, faszinierenden Kosmos. Jede einzelne unserer Zellen hat ein eigenes Bewusstsein, und in jeder unserer Körperzellen sind Erinnerungen abgespeichert.

So finden wir im sogenannten Zellgedächtnis auch alle Traumata, Ängste und Schuldgefühle und die daraus resultierenden Erinnerungen, Blockaden und Probleme, die uns bisher belastet haben. Dies hat wiederum Einfluss auf die Kommunikation zwischen den Zellen und auf unser gesamtes körperliches Wohlbefinden.

Zellkommunikation in Lichtgeschwindigkeit

Neben den bekannten Informationssystemen in unserem Körper kommunizieren Zellen auch über Lichtquanten in Lichtgeschwindigkeit miteinander, tauschen Informationen aus und »kommunizieren« so untereinander und mit der Umwelt. Unsere DNA, die Trägerin der Erbinformation und der Motor der innerzellularen Eiweißsynthese, hat nach diesen Erkenntnissen weitere Funktionen. So dient sie auch als Sender und Empfänger und als Informationsspeicher. Wir haben hier einen ganz feinen und hochsensiblen, hochintelligenten Bereich in unseren Zellen, der jede Schwingung und Information aufnehmen, abgeben und speichern kann. Dazu ist kein materieller Weg wie das Nervensystem oder entsprechende Botenstoffe notwendig.

1975 gelang Fritz-Albert Popp erstmals der experimentelle Nachweis der Biophotonen.

Fritz-Albert Popp sagt: Jede lebendige Substanz strahlt ein schwaches Licht mit Wellenlängen zwischen 200 und 800 Nanometern ab.

Die Existenz dieser Biophotonen ist mittlerweile unumstritten. Lebende Zellen strahlen mit einem schwachen Leuchten wenige Lichtquanten pro Sekunde und Quadratzentimeter ab. Dies entspricht für unser sichtbares Auge der Intensität eines Kerzenscheines in ca. zwanzig Kilometern Entfernung. Popps Versuche ergaben, dass bei lebenden Systemen die Lichtstrahlung langsamer abklingt als bei bereits toten Zellen, bei denen die Strahlung zudem immer schwächer wird. Die Biophotonen werden von Elektronen erzeugt, die vom Sonnenlicht angeregt wurden. Wenn die Elektronen dann von ihrem höheren Energieniveau herabfallen, strahlen sie Licht ab. Popp vermutet, dass in lebenden Systemen die Quanten nicht unabhängig voneinander agieren. Die Elektronen sind sozusagen voneinander informiert und »kommunizieren« miteinander.

Intelligente Zellkommunikation

Die Biophotonenforschung wird von der etablierten Naturwissenschaft sehr skeptisch bis ablehnend betrachtet.

Die These, dass die Photonen – laut Quantenmechanik

Teilchen und Welle zugleich – in unseren Zellen keinesfalls chaotisch agieren, sondern sich zumindest während der Messungen aufeinander beziehen und ein Feld bilden, in denen Informationen ausgetauscht werden, legt den Rückschluss nahe, dass unsere Zellen über diese Lichtstrahlung intelligent miteinander kommunizieren.

Die Qualität der abgespeicherten Information

Damit dieser Prozess zu physiologisch optimalen Ergebnissen beiträgt, ist es entscheidend, welche Informationen in den Zellen abgespeichert sind. Erlebte Konflikte, traumatische Ereignisse und Ängste erzeugen ein eigenes Schwingungsmuster. Dieses wiederum ist auch in den Zellen abgespeichert, die es abstrahlen und so diese Informationen an andere Zellen weitergeben. Dadurch wird immer wieder auf diese Muster zurückgegriffen, und die dabei entstandenen Gefühle werden reaktiviert.

Wollen wir uns also auch auf der Zellebene dauerhaft von allen Blockaden, Traumata, Ängsten usw. reinigen und befreien, ist es unumgänglich, auch die Zellen mit in unseren Prozess einzubeziehen. Würden wir das nicht tun, dann ist es sehr wahrscheinlich, dass sich von den Zellen aus diese Muster wieder auf alle anderen Ebenen unseres Seins ausbreiten und wir bald wieder dieselben Probleme haben wie zu Beginn unserer Reise.

Die Forschungen des Dr. Bruce Lipton

Wenn wir von der Intelligenz der einzelnen Zellen sprechen, so wie es der Zellbiologe Dr. Bruce Lipton tut, dann können wir den Menschen und sein »Ich« auch als den intelligenten Zusammenschluss von 50–100 Billionen einzelnen individuellen Lebensformen betrachten, wobei sich die Individuen zu einem sinnvollen größeren Ganzen zusammengeschlossen haben. Zusätzlich zu unseren eigenen menschlichen Zellen gesellen sich dann noch die Bakterienzellen dazu, und so ergibt sich eine hochkomplexe, intelligente Vernetzung mit hochspezialisierten Zellen und Aufgaben.

Dr. Bruce Lipton, der sich seit Jahren intensiv mit den menschlichen Zellen beschäftigt, stellt das in der Wissenschaft und Biologie bisher gültige Dogma infrage, dass wir von unseren Genen bestimmt werden. Aufgrund seiner eigenen Forschungen und vielerlei anderer Forschungsergebnisse postuliert er, dass nicht die Gene unser Schicksal bestimmen und wir deshalb nicht die Opfer davon sind. Viel wichtiger ist die Zellmembran, also die Wand der Zelle, und dort die Transportmechanismen, die Informationen und Stoffe in die Zelle und aus der Zelle transportieren. Hier sitzt die eigentliche Intelligenz der einzelnen Zellen, indem sie diese Transportmechanismen steuert. Und Bruce Lipton geht noch einen Schritt weiter. Er sagt, dass wir auf der Grundlage unserer Wahrnehmung der

Umwelt die Zelle und unsere Gene steuern und nicht umgekehrt.

Anders ausgedrückt sind es unsere eigenen Überzeugungen, die auf unsere Gene einwirken und diese aktivieren, steuern oder bremsen. Genauso, wie wir die Umwelt wahrnehmen, so reagieren unsere Zellen. Nun tragen wir alle unsere ureigenen Glaubenssysteme und Überzeugungen in uns.

Die größte Prägung ist dabei in unserer Kindheit in unseren ersten Lebensjahren erfolgt – durch die Überzeugungen und Glaubenssätze unserer Eltern, durch unser Umfeld, durch die Religion usw. Wir fangen erst später an, den Wahrheitsgehalt von Botschaften zu hinterfragen, und so entsteht in dieser Phase der Kindheit der Grundstock für unser eigenes Glaubens- und Wertesystem, das wir zum Glück aber auch wieder verändern können. Daraus bildet sich in unseren Zellen unser Zellgedächtnis aus.

Laut Dr. Lipton haben unsere Gedanken, Gefühle und Überzeugungen den entscheidenden Einfluss auf die Funktion unserer Zellen und nicht unsere Gene. Wenn das so ist, dann sind wir nicht länger Opfer unserer genetischen Herkunft. Ganz im Gegenteil sind wir selbst Schöpfer unserer Realität und können diese Schöpferkraft auch aktiv und bewusst einsetzen für unsere Gesundheit, für unser Bewusstsein, für unser Leben und für das, was wir wirklich wollen. Wir brauchen dazu nur Mittel und Wege, um uns aus unseren alten, krankmachenden und beschränkenden Überzeugungen zu lösen und diese durch neue, gesunderhaltende, stärkende, visionäre und grenzüberschreitende Ansichten und Überzeugungen zu ersetzen. Das tun wir mit allen Schritten auf unserer Heldenreise.

Zusammengefasst lautet Dr. Liptons These, dass wir nur sehr wenig bis überhaupt nicht von unseren Genen bestimmt werden. Wir können ihnen die Macht geben und an den alten Dogmen festhalten. Damit geben wir unsere Schöpferkraft ab und halten in unserem Glauben an alten Überzeugungen fest. Dadurch werden sie für uns zum Gesetz, und da sich die Dinge oft so manifestieren, wie wir ihnen die Kraft und Macht geben, so erscheint unser Leben dann eben auch fremdbestimmt oder durch die Gene determiniert.

Praxis »Das Zellgedächtnis heilen«

Diesmal geht es einfach darum, dass du in dich hineinspürst und in Stichpunkten aufschreibst, was dir alles an alten Mustern einfällt, die dich negativ beeinflussen und die du gerne ablegen würdest. Wahrscheinlich sind diese auch in deinem Zellgedächtnis abgespeichert. Schreibe dir einfach auf, was dir dazu in den Sinn kommt, ohne groß darüber nachzudenken oder gar zu werten.

- Sinn der Übung ist es, dir über noch vorhandene alte Programme und Muster Klarheit zu verschaffen. Überlege dir auch, was du verändern kannst oder willst und welche Konsequenzen das für dich hätte.

Das Heilungsritual

Mache jetzt das Heilungsritual, und nimm auch alle Ängste mit, die dich blockieren und hemmen und die dich daran hindern, im Hier und Jetzt zu sein. Wenn du mit deinem Ritual fertig bist, dann nimm dir noch einmal Zeit und spüre in dich hinein.

- Spürst du Mut und Zuversicht in dir?
- Bist du bereit, kalkulierte Risiken einzugehen und mutig den Weg in deine Zukunft zu gehen?

Bevor du die nächste Übung beginnst, wiederhole das Heilungsritual immer wieder, bis du ein echtes, authentisches Gefühl des Mutes und der Zuversicht in dir spürst und deine Gedanken aufhören, immer in eine angstvolle Zukunft abzudriften.

Zum Schluss schreibe dir in einer kurzen positiv formulierten Affirmation die Essenz aus dieser elften Reiseetappe auf, die für dich besonders wichtig ist und die dich weiter begleiten soll.

Reiseetappe 12: loslassen

Wenn ich loslasse, was ich bin,
werde ich, was ich sein könnte.
Wenn ich loslasse, was ich habe,
bekomme ich, was ich brauche.
Laotse, chinesischer Philosoph (6 Jh. v. Chr.)

Loslassen ist der Schlüssel, damit wir in unsere wahre Größe kommen und unser ganzes Potenzial entfalten können. Es ist eine bewusste Entscheidung, die in einen Zustand der Entspannung und Freiheit führt. Loslassen ist das Gegenteil von festhalten.

Übung: festhalten und loslassen

Das kannst du ganz einfach selbst ausprobieren. Nimm einen Stift oder einen anderen Gegenstand und halte diesen fest in der Hand. Du kannst auch dein »Festhalten« variieren, indem du ihn fester drückst und dann wieder lockerer lässt. Bleibe mit deiner ganzen Aufmerksamkeit bei deiner Hand und dem Stift und nimm wahr, wie du je nach dem Grad des Festhaltens mehr oder weniger Muskelkraft aufwenden musst. Und dann lass einfach los, indem du die Hand öffnest und die Muskeln entspannst. Wenn du komplett loslässt, dann kannst du den Gegenstand nicht mehr festhalten und kommst in einen Zustand, der keinerlei Kraftaufwand mehr erfordert.

Diese Übung ist zunächst sehr banal, aber sie zeigt deutlich auf, dass Festhalten mit Anspannung, Energie- und Kraftaufwand verbunden ist und Loslassen mit Entspannung. Da unser ganzes Leben den Gesetzen der Polarität unterliegt, brauchen wir einen für uns gesunden Rhythmus der Anspannung und Entspannung in allen Lebensbereichen. Problematisch wird es immer dann, wenn wir nur einen Pol leben möchten oder glauben, wir hätten keine Wahl. Wer immer nur festhält, erschöpft sich früher oder später komplett. Wer immer nur loslässt und niemals etwas festhält, an dem zieht das Leben vorbei, ohne ihn jemals wirklich zu berühren. Nun liegt es wieder an uns. Können wir uns frei entscheiden, was wir wann wie lange festhalten möchten und was wir loslassen? Oder sind wir so verstrickt und gefangen, dass wir nur ohnmächtige Zuschauer sind und andere oder das Leben bestimmen, was wir festhalten und was nicht? Ist es unsere

Krankheit, die vermeintlich uns festhält, oder halten wir daran fest, weil uns nicht bewusst ist, dass wir es selbst in der Hand haben?

Bist du bereit?

Stelle dir also jetzt ehrlich die Frage, ob du wirklich bereit bist, auch noch die letzten Blockaden loszulassen, die dich am endgültigen Durchschreiten des Tores hindern könnten. Falls jetzt noch Zweifel aufkommen, dann überlege dir, woran du noch festhältst, wo du noch nicht endgültig bereit bist, in den positiven, gesundheitsfördernden Kreis zu wechseln.

- Sind noch Ängste vorhanden?
- Tauchen nochmals Zweifel auf?
- Sind noch ungelöste Bindungen vorhanden?
- Tauchen Schuldgefühle auf?
- Glaubst du, es doch nicht schaffen zu können?

Was auch immer es ist, gehe dann nochmals zurück zu der entsprechenden Etappe deiner Heldenreise und wiederhole diesen Teil so lange, bis die letzten Hindernisse aus dem Weg geräumt sind. Du kannst auch ganz gezielt nur mit dem Heilungsritual arbeiten, falls es sich um etwas handelt, das wir in der Heldenreise nicht bearbeitet haben.

Das Heilungsritual

Mache jetzt das Heilungsritual und nimm alles mit, was dich noch am Loslassen hindert. Wenn du mit deinem Ritual fertig bist, dann nimm dir noch einmal Zeit und spüre in dich hinein.

- Hast du wirklich alles losgelassen?
- Bist du bereit, jetzt das Tor zu durchschreiten, das dich in den positiven Kreis (Seite 30) führt?

Bevor du die nächste Übung beginnst, wiederhole das Heilungsritual immer wieder, bis du das Gefühl hast, dass du innerlich wirklich frei und bereit bist, in den positiven Kreis zu gehen.

Zum Schluss schreibe dir in einer kurzen positiv formulierten Affirmation die Essenz aus dieser zwölften Reiseetappe auf, die für dich besonders wichtig ist und die dich weiter begleiten soll.

Das echte Feuer der Transformation

Nun machen wir ein kleines Ritual, um auch in der Realität wirklich loszulassen. Dazu nimmst du deinen ersten Brief, der den Ausgangspunkt deiner Reise markiert hat. Du brauchst dazu ein kleines Feuer, einen brennenden Ofen oder auch die Flamme einer Kerze. Diese Flammen symbolisieren jetzt in der Wirklichkeit dein Feuer der Transformation. Schaffe dir einen rituellen Rahmen und lies dir deinen Brief noch einmal durch. Mache dir noch einmal bewusst, dass du dein altes Ich, so wie du es im Brief beschrieben hast, jetzt endgültig loslässt. Wenn du bereit bist, dann übergib den Brief ganz bewusst in einem rituellen Akt des Loslassens den Flammen und schaue zu, wie dein altes Ich symbolisch durch die Flammen transformiert wird, nachdem du losgelassen hast.

Achtung: Beachte dabei unbedingt die Brandgefahr und achte darauf, dass nichts anbrennen kann und keinerlei Gefahr besteht. Spüre jetzt in dich und in dein Herz hinein, atme dorthin und mache dir bewusst, dass du jetzt frei bist, frei von deinen alten Beschränkungen, Blockaden und krankmachenden Mustern.

Handeln

Haben wir tatsächlich losgelassen, dann steht es uns frei, durch das Tor in den Kreis der Fülle und Gesundheit zu wechseln. Die Tür hat sich für uns geöffnet und lädt uns ein, sie zu durchschreiten. Oft scheitern gerade an diesem Punkt Menschen auf ihrem Weg und fallen wieder zurück in ihre alten Muster. Aus der Hirnforschung wissen wir, dass jede Veränderung mindestens 30 Tage braucht, damit sie sich als neues Muster in unserm Gehirn und Nervensystem manifestieren kann und damit dieses neue Muster genügend Energie hat, um sich gegen alte, festgefahrene und tief verankerte Muster überhaupt behaupten zu können. Wenn wir hier dem Irrglauben unterliegen, wir bräuchten nichts weiter zu tun, als unsere innere Einstellung zu verändern, dann werden wir unweigerlich scheitern. Die veränderte innere Einstellung und das Loslassen öffnen uns das Tor und schenken uns neue, bisher nicht zugängliche Möglichkeiten, wie wir weiter unser Leben gestalten können. Aber wenn wir hier aufhören und nicht selbst handeln, dann bleibt es bei den Möglichkeiten, die wir nicht ergreifen.

Der Pfarrer und der Glaube an Gott

Einst kam eine große Flut über das Land. Der Wasserspiegel stieg immer weiter, und die Bewohner des Dorfes verließen ihre Häuser, um ihr Leben zu retten. Nur der Pfarrer blieb in seiner Kirche. Zu den flüchtenden Bewohnern sagte er: »Ich glaube an Gott und weiß, dass er mich retten wird.« Da er sich nicht davon abbringen ließ, blieb er alleine in seiner Kirche zurück. Der Wasserspiegel stieg, und der Pfarrer kletterte auf das Kirchendach. Dort kam ein Rettungsboot vorbei und wollte den Pfarrer mitnehmen. Dieser aber weigerte sich wieder und sagte: »Ich bleibe hier, denn Gott wird mich retten.« Das Wasser stieg weiter, und der Pfarrer kletterte auf die Kirchturmspitze. Ein Rettungshubschrauber kam angeflogen, um den Pfarrer zu retten. Aber er weigerte sich noch immer und blieb dabei, dass Gott ihn retten würde. Das Wasser stieg weiter, und der Pfarrer ertrank in den Fluten. Als er zum lieben Gott kam, fragte er diesen vorwurfsvoll: »Ich habe so fest an dich geglaubt, und du hast mich einfach ertrinken lassen. Warum hast du mich nicht gerettet?« Der liebe Gott sah ihn mitleidig an, dann antwortete er: »Mein lieber Pfarrer, ich habe dir die Dorfbewohner in die Kirche geschickt, ich habe dir ein Boot und dann einen Hubschrauber geschickt, um dich zu retten. Aber du hast alle Gelegenheiten verstreichen lassen. Mit den Bewohnern mitgehen, in das Boot einsteigen oder in den Hubschrauber klettern, das hättest du schon selber machen müssen.«

Diese Geschichte zeigt, dass es mit dem Glauben alleine nicht getan ist. Wir leben in einer materiellen Welt mit einem materiellen Körper, und diesen haben wir nicht nur als lästiges Anhängsel unserer Psyche und Seele dabei. Wir haben ihn, weil er uns diese wunderbaren, einzigartigen Möglichkeiten verschafft zu handeln.

Die letzte Prüfung

Manche Menschen schrecken mit der Ziellinie klar vor Augen plötzlich zurück und bleiben einfach stehen, anstatt ihre Heldenreise erfolgreich zu Ende zu bringen. Aus der Erkenntnis, dass das Loslassen, Handeln und die damit verbundene innere Freiheit und der Schritt über die Ziellinie durch das Tor als Konsequenz die radikale Eigenverantwortung mit sich bringen, tauchen plötzlich Ängste auf.

Hermines Angst vor der Eigenverantwortung

Hermine kam seit zwei Jahren regelmäßig ein Mal pro Woche in die Praxis. Ursprünglich ging es um ihren schlechten, besorgniserregenden Allgemeinzustand, den sie mit naturheilkundlichen Methoden verbessern wollte. Sie litt unter verschiedensten Allergien und schaffte es nur selten, eine Woche in ihrer Arbeit ohne Zusammenbruch durchzuhalten. Sie war in einem ständig wiederkehrenden Kreislauf von mühsamem Durchhalten, Zusammenbrechen, Wiederaufrappeln und erneutem Durchhalten gefangen. Durch ihre teils wochenlangen Ausfälle und ihre Allergien, die ein normales gesellschaftliches Leben unmöglich machten, hatte sie sich immer mehr zurückgezogen und stand inzwischen ohne Freunde oder nennenswerte Sozialkontakte da.

Die Diagnostik ergab verschiedenste Vergiftungen, Allergien und Unverträglichkeiten, und wir stießen auf immer mehr traumatische Erlebnisse in ihrer Kindheit. Wir machten uns also daran, zunächst die Giftstoffe auszuleiten, und begannen nach ersten Erfolgen, die traumatischen Geschehnisse aufzuarbeiten. Nach ca. einem Jahr war Hermine so weit stabil und gesund und wieder in ihrer Kraft, dass ein normales Leben möglich gewesen wäre. Ihre Heldenreise brachte sie bis kurz vor die Ziellinie, und sie hätte nur den letzten Schritt gehen müssen. Aber jedes Mal, wenn sie kurz davorstand, alte Freunde anzurufen, in ein Restaurant zu gehen, ihre alten Hobbys (tanzen, Klarinette spielen, im Chor singen) wieder zu beginnen, schreckte sie plötzlich zurück, und sie fand tausend Gründe, doch lieber alleine zu Hause zu bleiben. Es dauerte ein weiteres halbes Jahr, bis sie all ihren Mut zusammennahm, ihren inneren Boykotteur klar in die Schranken wies und wieder in ihren alten Chor zurückkehrte. Danach geschahen wahre Wunder. Innerhalb kürzester Zeit traf sie sich wieder mit Menschen, ging aus, ging zum Essen, nahm wieder Klarinettenunterricht und kehrte in ihren alten Tanzverein zurück. Dort verliebte sie sich, und plötzlich war ihr ganzes altes Leben wie die Haut einer Schlange abgestreift.

Klingt das für dich wie ein Märchen nach dem Motto: »Und wenn sie nicht gestorben sind, dann leben sie noch heute glücklich…«? Das Erstaunliche ist, dass es solcherlei radikale Veränderungen immer wieder gibt und tatsächlich Dinge wie von selbst in unserem Leben passieren, wenn wir endlich ganz bewusst über die Ziellinie der Heldenreise gegangen sind und tatsächlich radikal und ehrlich losgelassen haben.

Aber zunächst noch einmal zurück zu unserem Zaudern vor dem letzten Schritt. Der Dämon des Zweifels, ein Teil des inneren Boykotteurs, versucht also nochmals, unsere Reise scheitern zu lassen. Er weiß, dass es für ihn wesentlich schwieriger wird, ist das Tor und die Ziellinie erst einmal überschritten. So schickt er uns Ängste, Zweifel, getrübte und falsche Erinnerungen daran, dass unser altes Leben auch mit unserem Kranksein doch gar nicht so schlecht war. Er versucht, uns davon zu überzeugen, dass wir für die Ungewissheit, die uns erwartet, nicht geschaffen sind. Er erklärt uns, dass wir gar nicht die innere Größe und Stärke haben, um unsere Lebensaufgabe umzusetzen, um unsere Bestimmung zu leben und um der Stimme unseres Herzens zu folgen.

Wenn dir das während der Reise und vor allem kurz vor dem Ziel passiert, dann lass dich keinesfalls davon abhalten, weiterzugehen und die Reise zu einem Ende zu bringen. Mache dir bewusst, dass es nur dein alter innerer Dämon ist, der nicht bereit war und ist, die Kontrolle über dein Leben an dich zurückzugeben. Da er dich sehr gut kennt, weiß er, wo deine wunden Punkte liegen, und genau dort wird er mit seinen Lügen und manipulierenden Gefühlen ansetzen. Lass ihn einfach reden, gehe keinesfalls in Resonanz damit, lass dich auf keine sinnlosen Diskussionen ein, sondern mache dir bewusst, dass die negativen Gefühle des Zweifels und der Angst und Schuld nicht deiner echten inneren Wahrheit entsprechen, wie du sie auf der Reise kennengelernt hast. Denke daran, dass auch deine Gedanken, die dir durch den Kopf schießen, nicht deiner inneren Wahrheit entsprechen, sondern ebenfalls manipuliert sind. Gehe einfach wieder in deine innere Schöpferkraft und benutze deinen Verstand als sinnvolles Werkzeug, über das du der Herr bist und nicht umgekehrt.

Die Ziellinie überschreiten

Gehe die letzten Schritte in Verbindung mit deiner inneren Kraft und durchschreite das Tor, deine Ziellinie. Nun bist du am Ende deiner Heldenreise angelangt und gleichzeitig wieder am Ausgangspunkt, der sich grundlegend verändert hat. Anstelle von einem Zustand des Krankseins, des Unwohlseins und der Schwäche und des Zweifels stehst du nun hier, gesünder als jemals zuvor, stärker und klarer. Du kannst die Liebe in deinem Herz spüren und bist verbunden mit der Schöpferkraft in dir.

Unser Ziel – Gesundheit

Wir sind also am Ziel unserer Heldenreise angekommen. Wir haben die wichtigsten Verbindungen in uns wiederhergestellt, haben die wichtigsten Stationen unserer Heldenreise durchlaufen und wissen im Idealfall, warum wir hier sind und worin unsere Lebensaufgabe besteht – wofür unser Herz wirklich brennt. Wir haben den negativen, krankmachenden Kreis hinter uns gelassen, haben das Tor durchschritten und sind nun im Kreis der Gesundheit und Fülle angekommen.

Nun ist es an der Zeit, stolz auf uns zu sein. Wir sind einen weiten, vielleicht schmerzhaften Weg gegangen, haben mit uns selbst gekämpft, uns selbst erkannt und unsere Schöpferkraft aktiviert. Wir haben die zwei Seelen in uns geheilt, ihre Kraftfelder aktiviert und sie wieder miteinander verbunden. Wir haben alle Voraussetzungen geschaffen, dass wir nun gesünder, glücklicher, fokussierter, stärker und liebevoller weiter durch unser Leben schreiten.

Mache dir an dieser Stelle einmal bewusst, was du geschafft hast, welchen Weg du gegangen bist und wie sehr du damit einen Weg der Selbstliebe und Selbstannahme gegangen bist. Wenn das alles kein Grund ist, um stolz auf dich zu sein!

Gib dir selbst hier die Erlaubnis, innezuhalten und nicht gleich mit dem nächsten Selbstoptimierungsprozess weiterzumachen. Denke immer daran, wir leben in einer polaren Welt und beide Pole wollen geachtet werden. Also lass deine Seele, deine Psyche und deinen Körper gerade jetzt auch einmal baumeln. Gib dir den Raum, in Frieden und Liebe mit dir und dem Erreichten zu sein. Feiere mit dir selbst symbolisch ein Fest, in dem du dir gratulierst und dich selbst in den Mittelpunkt stellst. Du hast allen Grund dazu.

Der Pfad der Kriegerinnen und Krieger der Herzen

Den Garten des Paradieses betritt man nicht mit den Füßen, sondern mit dem Herzen.

Bernhard von Clairvaux,
mittelalterlicher Abt, Kreuzzugsprediger
und Mystiker (1090–1153)

Früher oder später taucht sicherlich die Frage auf, wie es jetzt weitergeht. Die Heldenreise kannst du jederzeit wiederholen, wenn dir danach ist oder wenn du merkst, dass sich neue oder andere Lebensbereiche zeigen, die noch nicht ausgeglichen und heil sind und in denen es noch etwas zu tun gibt. Mache dich einfach erneut auf den Weg, diesmal mit deinem neuen Themenschwerpunkt, und gehe wieder genauso konsequent und klar deinen Weg des Helden.

Aber auch wenn du keinen erneuten Ruf in dir spürst, ist es sinnvoll, in Verbindung mit deinem Herzen deiner wahren

Bestimmung, die du erkannt hast, zu folgen. Setzt du konsequent deine Bestimmung und Lebensaufgabe um, dann ist das die beste Gesundheitsfürsorge, die du überhaupt machen kannst.

Hast du durch deine Heldenreise den Kontakt zu deiner Herzensabsicht wiederhergestellt, dann kann dein Krieger des Herzens (Seite 174) sein ganzes Potenzial entfalten. Er hilft dir, diese Flamme in deinem Herzen immer am Brennen zu halten, egal wie schwer der Weg auch sein mag. Er unterstützt dich dabei, konsequent zu handeln und keine faulen Kompromisse mehr einzugehen. Die meisten Kompromisse im Leben machen wir nicht aufgrund berechtigter Bedürfnisse und Ansprüche von anderen, sondern aus Bequemlichkeit oder Unwissenheit. So beschränken wir uns selbst in unserer wahren Größe.

Wer immer nur träumt, aber nicht bereit ist, seine Träume zu leben, der lebt aus Sicht des Kriegers des Herzens und aus der Sicht der Seele nicht wirklich, sondern bleibt in einer Schein- und Schattenwelt gefangen.

Auch wenn du auf Widerstand in deinem Umfeld stößt, hilft dir dein Krieger des Herzens, klar zu dir zu stehen und deine Ziele zu verfolgen. Ablehnung und Widerstand im Außen zeigen dir auf, dass du selbst einen Teil von dir ablehnst und ihn bekämpfst. Die Ereignisse um dich herum spiegeln dir damit deinen inneren Zustand.

Der Pfad der Kriegerinnen und Krieger der Herzen ist ein

lichtvoller Weg des Herzens. Es geht nicht mehr um einen Kampf im Außen. Wir haben erkannt, dass alles, was uns im Außen begegnet, immer nur eine Projektion unserer selbst ist. Wir nehmen deshalb die Ereignisse, Begegnungen und Vorkommnisse als einen Teil von uns selbst wahr, als einen Spiegel unserer selbst gemäß der uralten Weisheit: »Wie innen – so außen« (Seite 10).

Maßstab des Handelns und Tuns ist die wahre Stimme des Herzens – die universelle Liebe zum Sein.

Ziel ist es, sich selbst zu meistern, Herr über sich selbst zu werden, seine eigenen dunklen Seiten in sich zu transformieren, sodass eine echte Freiheit des Herzens entsteht.

Gesundheit erhalten

Nun geht es also darum, nicht wieder in alte, krankmachende Gewohnheiten zurückzufallen. Wenn wir neue gesund erhaltende Muster installiert und erste Erfolge erzielt haben, dann ist das wunderschön und sicherlich ein Grund, stolz auf uns zu sein. Wenn sich diese neuen Muster aber noch nicht verfestigt haben und die alten Gewohnheiten noch Macht über unsere Hirnstrukturen haben, dann gilt es, besonders achtsam zu sein.

Holgers Rückfall

Holger war ursprünglich Kettenraucher und stark übergewichtig. Während seiner Heldenreise löste er alte, traumatische Strukturen auf und erkannte, was ihm wirklich Spaß machte. Er begann, regelmäßig ins Fitnessstudio zu gehen und zu joggen. Seine schädlichen und ungesunden Essgewohnheiten gab er auf und ernährte sich vollwertig und natürlich. Die Pfunde purzelten, und er fühlte sich nach kurzer Zeit so fit und wohl wie noch nie in seinem Leben. Dann meldete sich die verführerische Stimme in seinem Kopf (sein innerer Boykotteur) und redete ihm ein, dass doch eine Zigarette zum Genuss kein Problem mehr wäre. Im Gegenteil würde er sich damit für seine Mühen und Anstrengung entsprechend belohnen. Er gab dem Impuls nach, zündete sich eine Zigarette an und ging zum ersten Mal wieder in ein Fast-Food-Restaurant. Nach ein paar Tagen rauchte er täglich seine Belohnungszigarette, seine Ernährungsgrundsätze bröckelten, und ein paar Wochen später war er wieder ganz in seinen alten Mustern gefangen. Die Erinnerung an den Zustand, in dem er sich so wohlgefühlt hatte, verblasste immer mehr, und bald hatte er sein ursprüngliches Übergewicht wieder erreicht, seine Kurzatmigkeit und sein Bluthochdruck wurden erneut seine alltäglichen Begleiter.

Was war geschehen? Holger ist in eine der größten Fallen getappt, die uns auf unserem Lebensweg nach der Heldenreise begegnen. Wir glauben, bereits unser Ziel erreicht zu haben, und unsere Achtsamkeit lässt nach. Genau auf diesen Moment hat unser innerer Boykotteur nur gewartet, um uns sofort mit allen möglichen Tricks und voller Überzeugungskraft in Versuchung zu führen. Wir fühlen uns sicher und glauben, dass wir schon stark genug sind. Aber leider zeigt sich immer wieder, dass die alten, jahrelang eingeübten Muster noch tief verankert sind, um sofort wieder die Herrschaft über uns zu übernehmen. Selbst wenn wir alles konsequent bearbeitet, erlöst und transformiert haben, was zur Entstehung unserer krankmachenden Muster und Verhaltensweisen beigetragen hat, haben unsere jahrelang eingeschliffenen Muster ein eigenständiges Energiefeld in uns aufgebaut, das sich tief in unsere Hirnwindungen eingebrannt und tiefe Spuren hinterlassen hat. Dass sich diese Muster, die wir so sehr gefüttert haben, nicht von heute auf morgen verabschieden, ist klar. Es braucht Zeit, manchmal sehr viel Zeit, bis diese ihre Macht und Energiefülle endgültig verloren haben und wir entsprechend stark genug und gefestigt in unseren neuen Verhaltensweisen sind, dass hier keine Gefahr mehr droht.

Leider besteht diese Gefahr nicht nur bei bestimmten Verhaltensmustern, sondern insbesondere auch bei unseren krankmachenden Gedankenmustern und unseren negativen Gefühlen, die wir bisher immer wiederholt und verfestigt haben.

Tipps und Tricks

Was können wir also tun, um wachsam zu bleiben, um fokussiert und zielgerichtet unseren neuen Weg der Gesundheit zu gehen und um nicht schwach zu werden?

- Suche dir eine tägliche, regelmäßige Betätigung, die dir hilft, immer klarer und fokussierter zu werden. Das kann eine Form der Meditation sein, aber auch Yoga, Kampfsport, Sport, Tanzen ... Wichtig ist, dass es dir hilft, dich auf dich und deine Liebe zu dir selbst und im Idealfall auf die Liebe zur gesamten Schöpfung zu fokussieren, ohne neuen Stress, ohne ein Muss. Es sollte dir Freude machen und dich bereichern.
- Trainiere täglich deinen »Willensmuskel«, dein Durchhaltevermögen. Auch dies ist eine Form von Energie, die ein eigenständiges Feld kreiert. Gerade für Menschen, die bisher eher inkonsequent und wankelmütig waren und schnell alle Vorsätze über Bord geworfen haben, ist das besonders wichtig.
- Schaffe dir Anker in deiner Umgebung, die dich immer wieder positiv an deinen erreichten Zustand erinnern. Du kannst zum Beispiel ein Vorher-nachher-Bild sichtbar auf deinem Schreibtisch aufstellen. Du kannst dir deine positiven Affirmationen und Lebensziele rahmen und aufhängen. Du kannst in deinem Geldbeutel, an deinem Badspiegel oder am Kühlschrank Zettel anbringen, die einen Spruch,

Satz oder eine Affirmation enthalten, die dich an deine Kraft und Stärke erinnern.

- Schaffe dir an einem geschützten Ort in deiner Wohnung oder deinem Haus einen Platz, an dem du deine Individualseele und deine Ahnenseele »ehrst«. Dazu kannst du eine Kerze aufstellen und dazu ein Bild deiner Vorfahren, falls du eines besitzt. Du kannst einen dir wichtigen Gegenstand von dir dazu drapieren, ein selbst gemaltes Bild, ein »Danke an meine Seele und an meine Ahnenseele«, was auch immer dir einfällt und dir dabei hilft, dich selbst, deine Seele und deine Ahnenseele zu achten und dich an deren Absicht zu erinnern. Damit gibst du diesen Energiefeldern bewusst einen Platz in deiner sichtbaren Realität und lädst sie ein, dich in der materiellen Welt zu unterstützen, damit sich alles manifestieren kann, was du an tiefen Seelenwünschen im Gepäck hast.
- Das Allerwichtigste ist, dich keinesfalls zu verurteilen oder wieder in alte Muster der Schuld zu fallen, wenn du doch einmal rückfällig geworden bist. Verbinde dich mit der Liebe zu dir selbst, nimm dich erst recht ganz bewusst in den Arm und sei sanft mit dir. Verzeihe dir selbst sofort, und dann richte deine ganze Energie und deinen Fokus wieder auf deine neuen Muster. Bleibe besonders achtsam und sage beim nächsten Mal ganz bewusst und laut: »Nein, du altes Muster, ich gebe dir keine neue Kraft mehr. Ich lasse nicht mehr zu, dass du mich verführst und mich schädigst.«

Die Heldenreise im Schnelldurchlauf

Bis sich neue Muster und Gewohnheiten in unserem Hirn und Nervensystem so weit verfestigen und manifestieren, dass sie überhaupt eine Chance haben, die alten Muster und Strukturen abzulösen, ist es notwendig, über einen Zeitraum von 30 Tagen konsequent jeden Tag achtsam und liebevoll mit all unserer Kraft und Aufmerksamkeit bei unserem neuen Muster zu bleiben und es einzuüben. Dadurch bekommt es Energie, wird gefüttert und genährt und kann sich immer tiefer verankern. Grundsätzlich gilt das für alles, was wir verändern möchten oder neu in unser Leben integrieren wollen.

Damit sich alles, was du dir in den letzten Wochen erarbeitet hast, auch dauerhaft manifestieren kann, ist es hilfreich, zumindest die nächsten 30 Tage deine Heldenreise täglich noch einmal zu wiederholen. Damit gibst du dem Erreichten Kraft und stärkst täglich deine neuen Muster. Dazu brauchst du nur etwas Zeit und deinen geschützten, ungestörten Ort. Wie intensiv du deine Heldenreise nachvollziehst und ob du alle Punkte wiederholst, hängt ganz von deinen eigenen Bedürfnissen und Erlebnissen ab. Punkte, die du schon vor deiner Reise verwirklicht und integriert hattest, bedürfen sicherlich nicht der gleichen Aufmerksamkeit und Konsequenz wie für dich völlig neue und ungewohnte Schritte.

Eine mögliche Vorgehensweise für die nächsten 30 Tage:

- Überprüfe täglich die Verbindung von deiner Ahnenseele zu deiner Individualseele. Fließen die Kräfte und Energien noch ungehindert? Wenn nicht, dann spüre dich genau dorthin und verbinde diese beiden Instanzen in dir erneut (Seite 28 f.).
- Lies täglich deine formulierten Affirmationen bzw. Schlusssätze, die du am Ende der jeweiligen Stationen deiner Heldenreise formuliert hast.
- Mache eine kurze Reise durch die einzelnen Themen deiner Heldenreise und spüre mit offenem Herzen, ob du in der Liebe bist und die jeweiligen Energien und Kräfte frei fließen. Wenn nicht, dann wiederhole die Arbeit mit diesem Abschnitt der Reise so lange, bis alles wieder in Ordnung ist.
- Überprüfe immer wieder zu den Themen, die dich gerade beschäftigen, ob du noch im rechtsdrehenden, stärkenden Kreis bist (Seite 30). Wenn nicht, dann mach das Übergangsritual durch das Tor erneut (Seite 229), bis du wieder im rechtsdrehenden Kreis bist.

Vielen Menschen fällt es schwer, an diesem Punkt nach der Reise ganz wach und aufmerksam dabeizubleiben, und sie beginnen, unachtsam zu werden. Falls du damit Probleme hast, dann lass dich lieber unterstützen und hole dir Hilfe und Begleitung, bevor alles, was du erreicht hast, wieder verschwindet und deine alten Krankheiten, Symptome und negativen Muster wieder zurückkehren. Dabei kann dir ein Coach helfen oder auch ein entsprechender Online-Kurs. (Die Internetadresse zum 30-tägigen Online-Kurs »Voller Kraft, Energie und Durchhaltevermögen« findest du auf Seite 254.)

Eigenverantwortung und Freiheit

Wie wir bereits weiter vorne angeführt haben (Seite 43 f.), geht es bei allem, was wir tun, denken, fühlen und erleben, immer um Eigenverantwortung und niemals um Schuld. Eigenverantwortung führt uns in unsere Schöpferkraft, Schuld in die Kleinheit und Ohnmacht. Nur der radikale Weg der Eigenverantwortung, verbunden mit der Liebe in unserem Herzen und unserer wahren Bestimmung und unserem Krieger des Herzens als derjenigen Instanz, die uns den Weg weist, führt in eine echte innere Freiheit. Freiheit bedeutet hier nicht, keine Bindungen mehr einzugehen oder gar nur noch das zu tun, worauf wir gerade Lust haben, ohne Rücksicht auf andere zu nehmen oder ohne die Konsequenzen unseres Tuns zu berücksichtigen. Freiheit bedeutet, zum Wohle aller und zum Wohle von uns selbst zu handeln und zu agieren, ohne dass wir wieder zu Gefangenen unseres Boykotteurs werden. Freiheit bedeutet, sich die Macht zurückgeholt zu haben, freie und unabhängige Entscheidungen treffen zu können, auch gegen Widerstände zu seiner Meinung stehen zu können, unabhängig zu sein von den Erwartungen und Manipulationen der Menschen und der Welt um uns und gleichzeitig radikal ehrlich zu uns selbst zu stehen – zu dem, was wir in unserem tiefsten Kern sind.

Nachdem du deine Heldenreise gemacht hast, sind dir diese Zusammenhänge sicherlich klarer geworden und du hast dich so gut auf deiner inneren Ebene kennengelernt, dass du entsprechend handeln kannst. Hier ist besonders wichtig, dass du dir immer wieder Zeit für dich nimmst. Diese Zeit, die nur für dich ist, nutzt du dann, um ganz mit dir zu sein und in dich zu lauschen:

- Bist du noch auf deinem Weg?
- Stimmen deine Ziele noch?
- Bist du in der Liebe?
- Gehst du liebevoll mit dir um?
- Handelst du entsprechend der Absicht deiner Seele?
- Spürst du neue Impulse in dir?

Das Leben als Schöpfer gestalten

Nun liegt es an dir, ob du den begonnenen Weg weitergehst. Du hast deine ganz persönliche Heldenreise zu Ende gebracht und kannst dich damit begnügen. Oder du gehst weiter vorwärts und aktivierst immer intensiver deine Schöpferkraft in dir. Du gibst dich nicht zufrieden, weil du ganz tief in dir weißt, dass da noch mehr möglich ist. Du spürst oder ahnst, dass der Weg noch nicht zu Ende ist. Vielleicht hast du auch das Gefühl, dass es jetzt erst richtig losgeht.

Wichtig ist, spirituelle Entwicklung und Selbstoptimierung nicht zum Selbstzweck verkommen zu lassen und dabei immer wieder innezuhalten. Ohne Pause, ohne Entspannung, ohne Selbstliebe laufen wir am eigentlichen Ziel vorbei, und unsere Reise endet im Nirgendwo.

Also nimm dir die Zeit, mache eine Pause und genieße das bisher Erreichte. Du kannst stolz auf dich sein, bist du doch den Weg deiner persönlichen Heldenreise gegangen und hast damit einiges in deinem Leben verändert.

Wenn du dann weitergehen willst, dann spüre in dein Herz und schau, wohin es dich zieht. Willst du in deine wahre Größe, Schönheit und Schöpferkraft kommen und als der Mensch leben, der du tief in dir schon immer bist – ein göttliches Wesen, der Schöpfer deines Lebens, der in radikaler Eigenverantwortung und Liebe über diesen wunderbaren Planeten wandelt und zum Wohle von sich selbst und allen Wesen handelt –, dann gibt es einige sinnvolle Möglichkeiten, wie der Weg weiter aussehen kann:

- Frieden zu schließen mit den Energien und Menschen, die dich außerhalb deiner Herkunftsfamilie von außen beeinflusst und geprägt haben.
- Den Prozess der »Versöhnung mit den Ahnen« zu gehen, um dieses Feld der Kraft, Weisheit und Liebe zu aktivieren.
- Die Weisheit der eigenen Seele durch »Schamanische Seelenreisen« zu aktivieren und zu optimieren.
- Die Lebensvision und Lebensaufgabe konsequent umzusetzen und zu leben. Hierbei kann zunächst eine Visionssuche unterstützen, um immer klarer sein Ziel zu erkennen.
- Die Liebesfähigkeit zu optimieren und sich ganz der Liebe, der Hingabe und der Ekstase zu öffnen.
- Das ganze körperliche, geistige, seelische und energetische System zu optimieren und zu harmonisieren, um sich dem höchsten Ziel des Menschseins – der Erleuchtung – zu öffnen.

Im Anhang findest du zu all diesen Möglichkeiten entsprechende Literaturempfehlungen und Adressen für verschiedene weiterführende Kursangebote (Seite 254).

Nun wünsche ich dir alles, alles Gute auf deinem weiteren Lebensweg. Mögest du dein inneres Licht erstrahlen lassen und gesund, liebevoll, kraftvoll und weise deinen Weg durch das Leben gehen.

Herzliche Grüße
Stefan Limmer

Buchempfehlungen, Adressen

Bücher von anderen Autoren:

Dethlefsen, Thorwald: *Schicksal als Chance,* Goldmann 1989.

Dispenza, Dr. Joe: *Schöpfer der Wirklichkeit,* Koha 2010.

Lipton, Bruce: *Intelligente Zellen. Wie Erfahrungen unsere Gene steuern,* Koha 2016.

Popp, Fritz Albert: *Biophotonen – Licht ist Leben:* Serie Quantenmedizin Band 8, Competence Center 2007.

Sheldrake, Rupert: *Das schöpferische Universum,* Ullstein 2009.

Villoldo, Alberto: *Seelenrückholung,* Goldmann 2006.

Bücher von Stefan Limmer:

Schamanische Seelenreisen, GU 2014.

Versöhnung mit den Ahnen, Arkana 2015.

Himmlisch lieben und göttlich vögeln, Arkana 2016.

Reinigung von Angst und Schuld, Arkana 2017.
Wunderwerk Zirbeldrüse, Momanda 2018.
Schamanische Krankheitsdeutung, GU 2019.

Bei Interesse an der Arbeit des Autors und an den im Buch erwähnten Kursen, Räucherstoffen und Meditationen:
www.schamanenpfad.de

- Hier findest du Informationen zum Schamanismus, zu meiner therapeutischen Arbeit, zu weiteren Online-Kursen, Seminaren und zur schamanischen Ausbildung.
- Die Reise des Helden gibt es auch als Online-Kurs. Im Kurs wirst du durch alle einzelnen Etappen strukturiert begleitet und du erhältst entsprechende Meditationen zu den einzelnen Themenbereichen.

www.schamanentraum.de

- Online-Shop für Räucherwerk, Zubehör und Online-Kurse.

Der überraschend leichte Weg, um die Kraft der Ahnen zu nutzen

224 Seiten. ISBN 978-3-442-34173-3
Buch mit CD, Spieldauer ca. 1 Std. 13 min.
Auch als E-Book erhältlich

Konflikte mit Eltern, Großeltern und anderen Verwandten kennt fast jeder. Sie zu lösen ist oft mühevoll und dauert manchmal ein halbes Leben. Doch es geht auch einfacher. Der erfahrene Heilpraktiker Stefan Limmer hat für seine Praxis die äußerst wirkungsvolle 7-Generationen-Aufstellung entwickelt, die jeder mittels beiliegender CD allein zu Hause durchführen kann. Damit können Konflikte von einem höheren Blickwinkel aus geklärt und gleichzeitig das Urfeld der Ahnen aktiviert werden. Blockierte Energien können so häufig erstaunlich mühelos wieder ins Fließen gebracht werden.

arkana

Um die ganze Welt des GOLDMANN
Body, Mind & Spirit Programms
kennenzulernen, besuchen Sie uns doch
im Internet unter:

www.goldmann-verlag.de

Dort können Sie
nach weiteren interessanten Büchern ***stöbern***,
Näheres über unsere ***Autoren*** erfahren,
in ***Leseproben*** blättern, alle ***Termine*** zu Lesungen und
Events finden und den ***Newsletter*** mit interessanten
Neuigkeiten, Gewinnspielen etc. abonnieren.

Ein ***Gesamtverzeichnis*** aller Goldmann Bücher finden
Sie dort ebenfalls.

Sehen Sie sich auch unsere ***Videos*** auf YouTube an und
werden Sie ein ***Facebook***-Fan des Goldmann Verlags!